イルカ先生伝授

子育て知恵録

鈴木なおこ

はじめまして、イルカです

2016年4月3日から2017年3月26日まで、宮崎日日新聞（毎週日曜日）に「イルカ先生伝授 知恵の泉」というタイトルで、子育てや心のことを連載してきました。さらに良いものを、という強い想いから加筆・修正し、新しいタイトル『イルカ先生伝授 子育て知恵録』として出版することになりました。

はじめに、なぜイルカと名乗るのか。なぜ現在の仕事をしているのか。その原点について書きたいと思います。

まずはイルカについて。私の名刺には、イルカの親子がハート（愛）を中心に寄り添うロゴがその半分ほどを占めています。また、「カウンセリングルーム イルカ」「ブログ イルカの部屋」「イルカ先生」と、すべてにイルカ一色です。これは、ドルフィンセラピーのイルカを理想としているからです。ドルフィンセラピーとは、イルカと一緒に過ごすことでいつの間にか心身が癒される心理療法。私はそんなイルカのようなセラピストをめざして活動しています。

次に、なぜ現在の仕事をしているのか。名刺に「親子」のイルカを載せているのは、「親子が幸せになるお手伝いがしたい」という想いを込めているからです。この想いを抱くようになったのは、小学校教諭時代のこと。たくさんの親子と出会い、たくさんの「宿題」をもらいました。その一つが、愛情のすれ違いです。

どんな親でも、子どもを大切に思っています。しかし、時にその感情を、暴言や暴力で表現してしまうことがあるのです。また、暴言や暴力をふるった罪悪感などから「この子はどうせ親のことを嫌いだ」と勘違いし、さらに愛情表現を間違えてしまうことに……。それに対して子どもは、暴言や暴力を受けても、やっぱり親が大好き。あざをつくってきた子どもに「親に叩かれた？」と聞いても誰一人として、「親にされた」という子はいませんでした。親をかばうことがほとんど。「言ったらまた叩かれる」などの恐怖や悲しみ、怒りもありますが、根底にはやはり「親への愛」があります。このような環境では、「大好きだよ」と抱っこされたり、愛情をストレートに表現された経験がほとんどありません。そのため、親や友人、先生などに対してどうやって愛情表現したらいいかわからず、親からされたように、暴言や暴力で感情を表現することもよくあります。逆に、無口で自分から話しかけるのが苦手だったり、無気力だったり。

結婚し退職してからも、「すれ違った親子に私はもっと何かできなかっただろうか。もっと早くから親子関係を良好にする手段は無かったのだろうか」という想いを抱え、さまざまな子育て支援（子育て公募委員や子育て情報誌の編集など）に携わりました。その後、もっと親子に直接関わろうと思い、心理カウンセラーの資格を取得し現在に至ります。また、三男一女（高2長男、中3長女、小6次男、小2三男）の子育て真っ最中のため、我が子たちからもたくさんの宿題をもらい、親として、人間として育てられる日々。子どもたちは私の砥石です（笑）。この四人の子育て経験や心理学の知識、小学校教諭の経験を織り交ぜて、子育て心理学講座・講演会、コミュニケーションに関する講座・講演会、個人カウンセリングなどの仕事をしています。

子育ての時間がどれほど宝物の時間か、渦中にいる時にはなかなか実感しにくいものです。毎日が嵐のように感じたり、なぜこんなに苦しい想いをしなくてはいけないのか、と思ったことも。そんな苦しい時に私自身が救われた心理学の知識、本や子育て講座などで学んだ子育てポイントやたくさんの実体験を、この本にぎゅ〜っと詰め込みました。

この本を手に取ってくださった皆さんの心や子育てが、少しでも楽しく、幸せなものになるお手伝いができますように。

もくじ

2章 抱きしめる 子どもの心を育てる接し方

装丁　脇川祐輔
本文デザイン　川並良太

1章

本物の感情

子どもの心と自分の心

イルカ先生伝授
子育て知恵録 ①

感情には「本物」と「偽物」がある

人間は、動物です。当たり前のことですが、どんどん便利になっていく社会の中にいると、ふと忘れがちになります。春の芽吹きの頃は、動物たちが気もそぞろになるように、人間もなんだか心がザワザワします。寒暖の差が激しいと、体調も崩しやすくなります。梅雨で雨が続けば、気分が落ち込みやすくなったりしますね。猛暑が続くと身体の疲れが取れにくくなったり。

心と身体は**「自然という環境から影響を受ける」**ということを覚えておくのは、心身を安定させるためにとても大切なことです。四季折々の楽しみもたくさんありますが、四季の変化に応じて、意識してストレス解消することが毎日を平和に過ごすポイントになります。ストレスを解消する方法の一つとして、「本物の感情を感じる」という方法をご紹介します。

実は、感情には**「本物」**と**「偽物」**があります。私たちが感じる感情の全てが「本当の気持ち」というわけではないのです。本物の感情は、**怒り**、**悲しみ**、**怖れ《おそ》**、**喜び**の4つです。偽物は、本物ととてもよく似ているのですが、**いつまでたってもなかなか減らない感情**です。子育てをしていると「なんだか疲れて、イライラする」という言葉をよく耳にします。実はこの〝イライラ〟は、偽物の感情です。本物の感情と正面から向き合うのがツライから、気づいてしまうと傷つくから、などの理由で〝イライラ〟という偽物の感情に置き換えて「心を守ろう」としている、防衛機制という心の働きです。

本物の感情を感じないままでは〝イライラ〟は減らず、むしろ増えます。イライラが増えると心に余裕が無くなるので、子どものちょっとした行動（コップの水をこぼすなど）に過剰に反応してしまい、あとで自己嫌悪……ということが起こりやすくなります。

イライラの本物の感情は「怖い」「悲しい」「腹が立つ」のどれか、もしくはそれらを組み合わせたものといわれています。このイライラを解消するには、お風呂や寝る前など**一人の時間**をつくって一番強く感じる感情と向き合い、感じることをオススメします。胸や腹などに手を当てて、「腹が立っていいよ」「怖いよね」「悲しいよね」と、自分に語りかけてみて。20分ほどたっても感情が減った感じが薄い場合は、他の感情を感じてみます。イライラの奥にある「本物の感情」に気づき、感じることで、イライラが減っていきます。これを、心理学用語で**「感情消化」**と言います。

子どもが「悲しい」「腹が立つ」「怖い」などと話してきたときは、「感情消化」のチャンス。「そうなんだ、悲しかったね」など**共感**してみましょう。共感することで、子どもの心のイライラを減らすお手伝いになりますし、子どもが自分の「本物の感情」を知る・感じるきっかけにもなりますよ。

❷ 共感のポイントは表情とオウム返し

感情は、どのように人から人へ伝わっていくのでしょうか。感情は大きく、「言語（ことば）」と「非言語（態度や行動、表情）」の二つで表され伝わります。この「言語」と「非言語」では、どちらがより感情を伝えやすいと思いますか？ 例えば「おはよう」という言葉。文字だけでは、どんな状況で言っているかまったくわかりません。しかし、笑顔（表情）で顔を上げて（行動）の「おはよう」なら、「今日は嬉しいことが待ってるのかな？」と想像することができます。逆に、暗い顔（表情）でうつむきながら（行動）の「おはよう」では、「今日は嫌いな科目でもあるのかな？」と想像することができます。つまり、「非言語」の方が感情を伝えやすいのです。

では、どれくらいの違いがあるでしょうか？ 心理学では、「言語」で伝わる感情はたった3パーセント、「非言語」で伝わる感情は97パーセントと言われています。それなので、「子どもと話はしないけど、LINEで繋がってるから大丈夫」というのは、大きな勘違いです。いくら頻繁にやりとりしても、相手の感情の3パーセントしかわかりません。このことをぜひ、頭の隅に置いておいてください。

自分の中の感情も同様で、なぜかわからないけど「イライラする」「モヤモヤする」など、うまく言葉にできないのは仕方がないのです。

そう考えると、小さい子どもが訳もわからず大泣きしたり、突然怒り始めたときに、「なんで泣いてるの？」「どうして怒っているの？」と理由を聞いても答えられないのは、至極当然なんですね。語彙《ごい》が子どもよりずっと多い大人でも、自分の感情を表現することは難しいのですから。

ここで私たちはどう対応したら、子どもの突然の感情を「感情消化」するお手伝いができるでしょうか？

大切なのは〝共感〟です。前項で、イライラなど偽物の感情は「本物の感情」を感じることで減らせるとお伝えしました。そのために、まずは子どもの非言語、特に表情に注目して、「悲しいんだね」「怖いんだね」「怒ってるんだね」などと声をかけることで〝共感〟してみましょう。すると子どもは正直なので、「うん、怖い」とか「違うよ、悲しい」などと教えてくれたりします。その後は、子どもの発した言葉どおり「そっか、悲しいんだね」とオウム返しで〝共感〟してみてください。嬉しい時にはハイタッチなど、嬉しい感情も共感しましょう。

子どもは「本物の感情」を感じて、感情を消化して落ち着いていきますよ。最初は「非言語」に注目して言葉をかけ、オウム返しで応えてあげることが共感するためのポイントです。

イルカ先生伝授 子育て知恵録❸

〝イライラ〟は偽物の感情で心を守ってる

〝イライラ〟だったり、〝モヤモヤ〟〝ソワソワ〟という感情が、「同じ状況で」「いつも」「過度に」なっていませんか？ 例えば、「この曲を聴くと『いつも』『すごく悲しく』なる」とか、「子どもが牛乳をこぼすと『いつも』『激しく怒り』を感じて怒鳴ってしまう」というような場合です。実はそれ、「偽物」の感情かもしれません。

先に「知恵録①」でもお伝えしましたが、感情には本物と偽物があります。本物の感情は20分くらいぎゅ〜っと感じることで、「消えた」「スッキリした」感覚（＝感情消化）になりますが、偽物の感情は、何度感じても消えず、すっきりしない感覚になります。具体的には、怒り、悲しみ、混乱、恐怖、イライラ、闘争心、優越感、使命感、敗北感、心配、孤独感、批判、依存心などです。一方で本物の感情は、怒り、悲しみ、怖れ、喜びの４つです。「怒り」や「悲しみ」は本物にも偽物にも入っていますが、「同じ状況で」「いつも」「過度に」感じるようなら、その感情は偽物の可能性が高いです。

どうもすっきりしない気持ちを抱えたときには、自分自身に「本当は、怖いのかな？ 悲しいのかな？ 腹が立つのかな？」と胸に手を当てて聞いてみましょう。例えば、「子どもが牛乳をこぼした時、どうしてこんなに怒りが沸くのかな？ 本当は、怖い？ 悲しい？」と聞いてみた時に、もしかしたら、自分が子どもの頃に牛乳をこぼして、親に激しく怒鳴られ怖かった気持ちが心の奥深くに残っていたことに気づき、そして、その怖かった気持ちを思い出すのがつらいため、「過度に怒りを感じる」ということで自分の心を守っていた、という可能性もあります。そんなときは、「そっか、あの時に怒鳴られて小さい頃の私は本当に怖かったんだな〜。そうだよね、あんなに怒鳴られたら誰だって怖いよ。怖かったね。怖くていいよ」と、**自分で自分に共感**しましょう。できたら小さい頃の自分を抱きしめて守るイメージで。

このように思い当たる感情をぎゅ〜っと感じることで、消えることがあります。思い当たる感情がよくわからない時や感情が消えない時には、個人カウンセリングでもお手伝いできます。また、子どもが何かの折に「いやだ！」といきなり大声を出したり物を投げたりした場合も、「過度」な反応だと言えますので、この「嫌」も偽物の可能性アリです。**「怖いのかな？ 悲しいのかな？ 腹が立つのかな？」**と聞いてみてください。そして、子どもから出てきた感情を共感してあげると落ち着くことが多いですよ。

何か**〝イライラ〟した時にはチャンス**と思って、まずは自分自身の本物の感情を見つける練習をしてみましょう。そして共感し自分で感情消化ができるようになると、子どもの本物の感情も見つけやすくなります。心が安定しやすくなる一助になりますよ。

イルカ先生伝授 子育て知恵録 4

「怒鳴る」は、偽物の感情表現

「怒鳴る」という行動は、偽物の「怒り」感情によって引き起こされる代表的な行動です。

怒鳴っている人を見ると、「うわ～すごく怒ってるな～」と思いがちですが、「怒鳴る」という行動は過度な怒りを表現しています。前項「知恵録③」にもあるように、「過度」ということは、偽物の感情の可能性が高いのです。つまり、「怒鳴る」という行動は、偽物の「怒り」の感情を表現した行動なんです。

頻繁に「怒鳴る」大人や子どもがたまにいますね。はたから見ていると「感情をそのまま人にぶつけられて、さぞすっきりするだろうな」と思いがちですが、実は逆です。怒鳴っても怒鳴っても「怒り」の感情は消えないからこそ、頻繁に怒鳴るんです。このような人は、自分のことを理解されないことへの「怖い」「悲しい」という感情を抑圧して、心の底に沈めている可能性が高いです。この「怖い」や「悲しい」が本当の感情です。

では具体的に、そんな場面に遭遇したらどう対応すればよいのでしょう。

もし、子どもが怒鳴っていたら、直接的に「大きな声を出してるけど、何か怖いの？ それとも悲しいの？」と聞いてみましょう。子どもは大人より本物の感情を探るのが上手なので、「うん、うまくできなくて悲しい」「ちがうよ、わかってもらえないことが怖いんだよ」など答えてくれることが多いです。そうしたら、「そっか、悲しいんだね」「そうだね、わかってもらえないのは怖いよね」などオウム返しで共感しましょう。自分の本物の感情に気づいてあげられるような言葉かけをし、本物の感情に共感してあげると、子どもは偽物の感情に振り回されにくくなります。

また、知り合いの大人が怒鳴っていて見過ごせないなと思ったら、「何があったの？」と冷静に聞きましょう。「そんな大声出して、恥ずかしいよ！」などの感情的な言葉や同じような大きな声のトーンでは、言い合いになる可能性が高いので避けましょう。相手が「悲しい」や「怖い」という感情を抱えていることを心にとどめながら話を聞いてあげましょう。

あなた自身が怒鳴りたくなったら、「あれ？　私は何か悲しいのかな？　怖いのかな？」と自分に聞いてみるのがオススメです。怒鳴ることをやめるきっかけになりますし、本物の感情に気づき、感じ、感情消化してすっきりするチャンスです。

ここで、私の実体験をご紹介。先日、とある場所で怒鳴っている大人と、怒鳴られて小さくなって震えている子どもに遭遇しました。この場面が私の原点。この光景が私の心を一番揺さぶります。私の中の小さな子どもの自分が、まずとても腹を立てて身体が怒りに震えます。その後、必ずとてつもなく悲しくなり涙を止めることができません。

この時も、やっぱり涙が溢れてきて、どうしようもなくなって自転車をお店の駐車場の隅に止め、しばらく涙を流し、感情と向き合いました。身体が震えるほどの「過度」の「怒り」ということは、この怒り感情は偽物の感情で、あとから来た「悲しみ」が本物の感情だと感じました。そこで、自分に「悲しいね。悲しくていいよ」と何度か語りかけていたら、少しずつ心が落ち着いてきました。そして深呼吸しながら、「この出来事をどう受け止めるか」「この出来事から私はどう行動するか」を自分の心と対話。その時に、ふと「あなたは、悪くない」という言葉が浮かんできました。

怒鳴られている子ども。
どんな理由であっても怒鳴られていいわけがない。
怒鳴る、というのは暴力行為。
暴力を振るわれる理由なんて無い。
あなたは、悪くない。

怒鳴っている大人。
怒鳴って一番傷ついているのはあなただよね。
なのに怒鳴る以外の方法を知らない。
あなたもそうやって怒鳴られたのかな。
だから、あなたは、悪くない。

私自身も、子どもを怒鳴った経験があります。先生時代も、親になってからも。でも、今は怒鳴ることがずいぶん減りました。怒鳴る以外の方法を手に入れたからです。その方法を、この本にまとめました。

少しでも、怒鳴られる子どもが減りますように。
怒鳴る大人が減りますように。
子どもがもっとたくさんの愛を受け取れる社会になりますように。
大人がもっとたくさんの愛をそのまま子どもたちへ表現できる社会になりますように。

イルカ先生伝授 子育て知恵録 5

マイナスの感情に蓋すると…

怒りや悲しみ、怖れなどの本物の感情に、気づいているのに、「いやいや、これくらい怖くない。これは気のせいだ」などと感情に蓋をすることはありませんか？　気にしないようにすれば、そのうち消えてしまうだろうと思われがちなんですが、実は、感情は蓋をすると、かえって増える仕組みになっています。残飯に蓋をしても消えずに臭いがどんどん増えるように、「こんなことくらい悲しくない」などと蓋をし過ぎると、感情は消化されずどんどん膨らみます。

すると、体調に影響を及ぼすこともあります。例えば、「学校に行きたくない」と、子どもが悲しい表情で言ってきた時、親が「何言ってるの！　さっさと行きなさい！」と言い返してしまったとします。子どもは〝悲しみ〟の感情に蓋をして、がんばって登校するかもしれません。でも、〝悲しみ〟の原因となっている出来事、例えば、人間関係や学業などは未解決のままになります。すると、〝悲しみ〟はどんどん膨らみ、朝起きられなくなったり、腹痛や頭痛がしたり、微熱が出たりという身体症状として表出することがあります。

そんなことにならないように、感情に蓋をせず、本物の感情を感じることは、問題解決のためにとても大切なことです。こんな時は、「行きたくないんだね。何か悲しいことがあるの？」と、子どもの表情に合わせて本物の感情を聞いてみましょう。子どもは共感を得られたらスッキリして、前を向けることが多いです。また、共感されると安心して話しやすくなります。原因を聞き出すことができれば、家族で話し合ったり、担任へ相談するなどして原因に対処することもできます。

〝悲しみ〟のほか、〝怒り〟は現在の問題を解決する時に必要な感情だといわれています。例えば、不当なことや嫌なことをされたときに「なんでそんなことをされないといけないの！　おかしいでしょ!!」というような〝怒り〟の感情が、問題解決するための行動の原動力になります。また、〝怖れ〟は自分を守るため、未来に起こりうる危険回避のために必要な感情だといわれています。例えば、スピードを出し過ぎたときに「これ以上スピードを出したら危ない」と恐怖を感じることで命を守る行動をとることができます。

〝悲しみ〟や〝怒り〟、〝怖れ〟などのマイナスの感情を感じることは、「できたら感じたくない」と思われがちな感情ですが、実はとても重要な感情です。これらの感情に気づき感じることが、問題解決への大きな一歩になります。マイナスの感情に気づいたらそのまま共感したり、自分でぎゅ～っと感じたりしましょう。問題解決が早くなり、ぐっと生きやすくなりますよ。

イルカ先生伝授 子育て知恵録 ❻

自分のご機嫌は、自分でとる

小まめにストレスを解消して、子育て中の〃イライラ〃〃モヤモヤ〃を減らしましょう。その方法として紹介したいのが、**五感で「楽しむ時間」**を意識して確保すること。例えば、

✿**好きな風景を見る（視覚）**：海、神社、写真、花、手紙など。
✿**好きな音楽を聴く（聴覚）**：ドリカム、岡村靖幸、米津玄師、RADWIMPSなど。
✿**好きな物を食べる・飲む（味覚）**：ポテチ、チョコ、ウイスキー、赤ワインのジンジャエール割りなど。
✿**好きな手触りのものを触る（触覚）**：ぬいぐるみ、クッション、子どものほっぺなど。
✿**好きな香りを嗅ぐ（嗅覚）**：アロマやお香を焚く、咲き始めの百合の匂い・金木犀の香りなど。

一日で合計約20分の「楽しむ時間」で、ストレスは解消しやすくなるといわれています。朝晩のコーヒータイムを5分ずつ、寝る前に好きな本を10分間読書、上記で合計20分。毎日の生活の中にちょっとした「楽しむ時間」をつくっていくといいですね。

ポイントは、**子どもの頃のように楽しめる**ということ。「子育ては生き直し」と、助産師の方に話を伺ったことがあります。子どもと一緒に泣いたり、笑ったり、遊んだりすること

で、自分の子ども時代を再体験し、子どもと一緒に生き直すことができます。

大人になると時間と心の余裕がなくなりがちで、本当に自分が好きなこと（もの）がわからなくなることも。私自身も、特に3人目出産後、自分は何が好きで、何が楽しいか見失っていました。目の前のことで頭がいっぱい。毎日がヘトヘト。そんな中、公園で子どもと一緒にブランコに乗っていた時のこと。「うわあ、小学生の時にブランコから飛ぶのが大好きで、お気に入りのスカート破れたことあったな〜」とブランコ好きだったことを思い出した瞬間がありました。子どもの好きなことを一緒にする中で、ふと自分の「好き」に再会したりしますね。また、自分の子ども時代を振り返ってみると、好きなこと（もの）を再発見できることがありますよ。私は昔から林檎が大好きで、林檎を食べたくて皮をむくために保育園時代から包丁を持っていました（笑）。今でも林檎のおいしい季節になると、林檎を八切りにしてタッパーに詰めて冷蔵庫に入れ、いつでも食べられるようにしています。また小さい頃から歌うことも好きなので、移動中の車では好きな曲を熱唱することもよくやっています。

毎日の「楽しむ時間」確保が難しい場合は、休みの日に1週間分まとめて約2時間（20分×7日）などもオススメです。私は一人時間を確保するため週末に夜更かしをして、月曜日から録画しておいたドラマやバラエティ番組をまとめて観たりしています。

そしてさらに、自分の「好き」がわかると「嫌い」もわかるようになります。「好き」と

「嫌い」は表裏一体なので、「好き」がわからないと「嫌い」もわかりにくいのです。「嫌い」がわかったら、「嫌い」なことを自分に許可してあげましょう。嫁的に、大人として、母的に、「嫌いになってはいけない」と私もよく思っていました。しかし、嫁や大人や母である前に「人間」です。嫌いなものや人がいても当たり前。その感情を相手にぶつけなければ、感じるのは自由です。そして、「嫌い」なことから走って逃げたり、上手に断ったり、距離をとることも大切。自分の心は自分で守りましょうね。

自分のご機嫌は自分でとりましょう。自分で自分のご機嫌をとるということは、自分の心を守ること。そして、自分で自分を愛することにつながります。自分を愛することができると、周りも本当の意味で愛することができるようになります。自分を犠牲にして、がまんして、「私のことは後回しにして、今は……」をやりすぎると、「私はこんなにやってるのに！」と愛が怒りに変わってしまうことが起こりがちです。

自分で小まめにご機嫌をとり自分の中に「好き」をためておくと、子どもやパートナーに対して心に余裕をもって接することができるようになります。子どもやパートナーも大切。同じように、自分も大切。バランスが難しいところですが、自分はどんなストレス解消法がピッタリくるか、いろいろ試してみてくださいね。〝イライラ〟〝モヤモヤ〟減で、子どもと笑顔で過ごす時間が増えますように。

イルカ先生伝授 子育て知恵録 7

心の栄養が不足すると、どうなるか？

人間は、身体の栄養が不足するとおなかが減り、ご飯を食べます。身体が栄養を求める合図としておなかが鳴ったり「おなかが空いたな〜」と意識することができます。それに応えて、ご飯を食べたり、ちょっとおやつを食べたりして栄養を取る行動をします。では、心の栄養が不足するとどうなるでしょう。イライラしやすかったり、怒りっぽかったり、やたらと悲しくなったり。もしかしたら、心の栄養が不足しているサインかもしれません。

おなかが減ったらご飯を食べるように、心にも栄養を取ることが必要です。**心の栄養**とは、**人が受け取る〝全て〟の行動や態度、言葉**です。人間は無意識に、相手の行動や態度、言葉から栄養を受け取っています。また、栄養が不足してくると、**無意識に**栄養を取る行動をします。心の栄養は、どれくらい身体に影響があるのでしょうか？　また、心の栄養が与えられなくなると、人間はどうなるのでしょうか？　有名なのが、神聖ローマ帝国のフリードリヒ2世（1194-1250）の実験です。**赤ちゃん50人**を隔離し、食事や排泄のお世話、お風呂に入れることはしても、スキンシップや目を見る、語りかける、笑いかけることを一切禁止したそうです。その結果、**50人全員が1歳の誕生日を迎えることができませんでした。**

いやしかし、800年以上前の実験なんて、と思われるかもしれませんね。実は近年、同じ実験をした人がいます。心理学者ルネ・スピッツ（英：1887－1974）です。戦争で孤児になった55人の乳児に対して前述と同じ様にスキンシップなどを一切禁止しました。その結果、55人中、27人が2年以内に死亡。残った子どもも17人が成人前に死んでしまい、11人は成人後も生き続けましたが、多くには知的・情緒障害がみられたそうです。

つまり、心の栄養が無くなると、死ぬのです。

生きていくうえで不可欠な心の栄養を、心理学用語ではストロークといいます。ストロークには、

①肯定的なプラスのストローク（もらうとうれしい、心地よいもの）

言葉→褒める、励ます、あいさつする、話しかける、許可する、勇気付ける、など

行動→おんぶ、抱っこ、なでる、抱きしめる、うなずく、微笑む、など

②否定的なマイナスのストローク（もらうと痛い、嫌な気持ちになるもの）

言葉→叱る、ばかにする、けなす、責める、悪口を言う、命令する、禁止する、など

行動→叩く、つねる、蹴る、殴る、抑える、にらむ、恥をかかせる、など

③**ノンストローク（栄養なし）**
無視、無関心、約束を守らない、仲間はずれ、抱っこしない、話しかけない、など

と、大きく3種類あります。

フリードリヒ2世の実験は、③のノンストローク（無視、抱っこしない、話しかけない）に当たります。この実験からわかるように、人間は心の栄養が無くなると命を落としてしまいます。一心同体、とはよく言ったもので心の栄養が満たされていないと、身体の栄養も命の糧《かて》にならないのです。

また、親子に限らず、夫婦でも職場でもご近所さんでも、人間関係においてプラスのストロークをたくさん与え合うことができれば円滑になり、マイナスを与え合えば険悪になります。**プラスのストロークを与え合うことが、円滑な人間関係の大事なポイント**です。

今、どちらのストロークをたくさん使っていますか？「何かうまくいかないな」と思った時には、自分の言葉や行動を少し振り返って、プラスとマイナスのどちらを多く使っているか調べてみるのもいいですよ。もしマイナスが多いようなら、ちょっと意識してプラスを使うと、何かが変わってくるかも。

イルカ先生伝授 子育て知恵録

8 マイナスも、心の栄養になっちゃいます

心の栄養に関して、もう一つ有名なのが「ねずみの実験」です。Aのねずみには餌と一緒に**なでる**というプラスのストローク、Bのねずみには餌と一緒に**電気ショックを与える**というマイナスのストローク、Cのねずみには**餌のみ**のノンストローク。さて、この実験で一番大きく成長したのは、A、B、Cのどのねずみだと思いますか？ 答えは、もちろんAのねずみ。

ここで重要なのは、2番目に大きくなったのは、Bなのか、Cなのか、ということです。皆さんは、どちらだと思いますか？ さまざまな会場で、20代から80代まで幅広い年齢層の方にこのクイズをしたところ、いつも半分に分かれていました。小学5年生でも、半々だったのにはとても驚きました。答えは、Bマイナスのストロークです。一番育たないのはC。つまり**心身に一番ダメージを与えるのは、ノンストローク〝何も反応しないこと〟**だということがわかります。子どもに与えたくないストロークですね。

またこの実験では、電気ショックというマイナスのストロークでも栄養になるということもわかります。ですから、子どもがわざと叱られるようなことをしたら、**「『ストローク（心の栄養）が欲しい』と泣いている」**と思ってください。ここで「何してるの!!」と大きな声

を出すのはNGです。

ストローク（心の栄養）は、子どもに関わるときの声が大きければ大きいほど、時間が長ければ長いほど大きなストロークになります。例えば子どもが机に乗った時に「こらぁ！いつも言ってるでしょ、なんでそんなことするの？」などと大声で長々と叱ったとします。すると子どもは「机に乗れば大きなストロークがもらえる」と学習して、その行動を繰り返してしまいがちです。こうなると、「ダメでしょ！」「だって」「だってじゃありません！」などとマイナスのストロークを与え合うことになる可能性が非常に高いです。大きな声で長々と叱ることは、しつけとしてはほとんど効果がありません。この場合は、「机から降りて、畳で遊ぼうね」と静かな声で言う方が効果的ですよ。ストロークがあまりもらえないとわかれば、子どもはその行動をやらなくなります。逆に畳の上で遊んでいるときに「えらいね！（なでなで）」とすぐにプラスのストロークを与えれば、今度はその行動が増え、プラスのストロークを与え合うことができます。

子どもが人に対してどんなストロークを与えているかを見ていると、その子に関わる大人にどんなストロークがたまっているかうかがうことができます。自分の中に「ちょっとプラスが足りないかな？」と思ったら、私は空を眺めるようにしています。朝でも夕方でも夜でも、いろいろな景色が楽しめて見るだけでプラスのストロークがじんわりたまりますよ。

イルカ先生伝授 子育て知恵録 9

前向きな心には、プラス貯金を意識する

心の中に、「心の栄養＝ストローク」の貯金箱があると想像してみてください。ストロークの貯金箱にマイナスのストロークをたくさんためている人は、人に対してプラスのストロークを与えにくいです。なにせプラスをあまり持っていないので。逆にマイナスのストロークは非常に与えやすくなります。そして、マイナスを与えるとやはりマイナスをもらうことが多くなります。トラブルに巻きこまれやすい人は、もしかしたらマイナスをたくさんためているのかもしれません。

一方、プラスをたくさんためている人は、人に対してプラスのストロークをたくさん与えることができます。また、プラスを与えるとプラスをもらうことも多いですね。そして、ストロークの貯金箱にプラスのストロークをたくさんためていると、もしマイナスをもらったとしても、貯金箱の中にはプラスの方が多いので前向きな心でいられることが多いのです。「ダメだね（見下した態度）」「そう？（私はそうは思わない）」という感じです。しかし、「マイナスのストローク全てが悪」というわけではありません。注意することが必要なとき（命の危険がある、けがをしそうだから止めるなど）には有効です。ただ、円滑な人間関係には、プラスを与え合うことが不可欠です。

お互いにたくさんプラスを与え合えるよう、プラスのストロークを効果的にためる方法をご紹介します。

✿**褒められる行動を見たらすぐに褒める**（相手にも自分にもプラスがたまります）

✿**プラスのストロークをもらったら受け取る**（「それいいね」と言われたら、「イヤイヤ安かったのよ〜」ではなく「ありがとう」と言ってみましょう）

✿**嫌なストロークは受け取らない**（「へ〜そうなんだね」と聞き流す）

✿**自分の欲しいストロークを言う**（「褒めて」「すごいでしょ」と言う）

✿**自分で自分にプラスのストロークを与える**（自分に対して「よくがんばってるね」「私ってえらいわ〜」と心の中で言ったり、鏡の自分に向かって語りかける）

プラス貯金

「今の子どもは打たれ弱い」とよく聞きますが、ストロークの貯金箱にプラスのストロークが足りないだけではないでしょうか。昔は地域社会で子育てをしていたので、たくさんの大人からたくさんのストロークを登下校や近所で遊んでいるだけでもらえました。しかし、今の子どもは「知らない人から声をかけられたら逃げましょう」などと教えられます。**子どもに関わる大人が激減していて、ストロークをためにくい環境に生きている**のです。まずは、大人がプラスのストロークをたくさんためて、関わる子どもたちにプラスのストロークをたくさん与えましょう。子ども同士の人間関係を円滑にする大切な第一歩です。

コラム 「嫌い」「苦手」との上手な付き合い方

新しい環境や、新しい人との出会い、新しい仕事との出会いなどで、何か「嫌い」「苦手」と感じることがありますね。心理学で学んだことやさまざまな経験を通して、「嫌い」「苦手」には大きく3つのパターンがあると考えるようになりました。

一つめは、**「嫌い」「苦手」＝本当は好き**。一般的に「嫌い」の反対は「好き」と思われがちですが、実は「好き」と「嫌い」は**表裏一体**。根本にあるのは「なんか気になってしかたない」という同じ感情なのです。例えば、子どもに「嫌い」って言われたことがありますか？小さい子どもを叱ったりすると「ママなんて大嫌い！」と言われたりします。でもこれは、「こんなにママのことを好きなのに、ぼくのことを叱るなんて」と言っているのです。つまり、「嫌い」と言うのはそれだけママのことを「大好き！」だということ。「嫌い」と言われると落ち込んだり腹が立ったりしますが、「大好きだからこそ『嫌い』と言う」ということを頭の隅に入れておくといいですよ。また、大人の間でも「あの人って『嫌《いや》』よね」という話を聞いたりします。これも「あの人のことが気になってたまらない」という場合がよくあります。ちなみに、心理学的には「好き」の反対は「無関心」です。

二つめは、**「嫌い」「苦手」＝自分や過去の投影**。これは、「自分や過去の出来事を、今の出来事に重ねて見る」ということ。例えば、自分自身の嫌いなところを「あの人の○○なところが嫌い・苦手」と投影したり、「あんなことする（言う）なんてひどい」と投影したり。誰かに対して「嫌い」「苦手」と感じたら、「自分がやっていることかも」と振り返るのもオススメです。また、過去にされたり、言われて嫌だった記憶と重ねて過剰に反応する場合も。例えば「あの言葉が気になって眠れない」「いつまでも怒りがおさまらない」など。先の「知恵録③」にあるように、過剰な反応は偽物の感情です。一人の時間をつくって、本物の感情と向き合ってみましょう。個人カウンセリングでも感情消化のお手伝いができます。

三つめは、「嫌い」「苦手」＝伸び代《しろ》。今までと同じことをやっていたら、「嫌い」「苦手」なことに出合いませんから、出合ったということは、新しいことにチャレンジしている証拠です。例えば、「事務処理が嫌い」「整理整頓が苦手」など、その部分の才能が眠っていることに気づいたのだから、それが開花したらさらに成長できるということ。『嫌い』『苦手』に出合うなんて、私がんばってるわ〜」と自分で自分を褒めましょう。

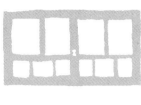

余談ですが、「やたら悪口や嫌なことを言う人」は一番傷ついている人です。人間の脳は、他人へ向けた言葉と自分へ向けた言葉を区別できません。人を傷つける言葉を言ったら、間違いなく自分自身を深く深く傷つけます。もしそんな人と出会ったら「何かつらいことがあるんだな〜」と思い、悪口などは聞き流して心に入れないようにしましょう。

1章のまとめ

☑ 感情には「本物」と「偽物」がある

本物　怒り・悲しみ・怖れ・喜び

偽物　イライラ・モヤモヤ・
「同じ状況で」「いつも」「過度に」感じる感情・
怒鳴るという行動

本物とよく似ているが、
偽物はなかなか減らない

☑ 共感して感情消化しよう

言葉に惑わされず、
表情に注目しよう

- 感情を伝えるのは、非言語97%、言語3％
- 子どもの言葉をオウム返しするのもポイント

☑ 自分で自分のご機嫌をとり、日頃からプラス貯金を習慣にしよう

そのために、五感の
「好き」を知ろう

子どもやパートナーとも共有しておくと、
お祝いや励ましたい時に効果的♪

私や家族の好きは？

視覚

聴覚

触覚

嗅覚

味覚

2章
抱きしめる
子どもの心を育てる接し方

イルカ先生伝授 子育て知恵録 ⑩

兄姉に「あなたが一番大切」と伝えて

この世に喜びは数多くありますが、その中でも「赤ちゃんの誕生」というのは大きな喜びの一つです。赤ちゃんを見るとじんわり温かい気持ちになるのは、**「人はそこにいるだけで価値がある」**ということを思い出させてくれるからでしょうね。

ただ、赤ちゃんの誕生で、ちょっとだけ寂しい思いをする人がいます。それは、兄や姉になった子どもたちです。赤ちゃんが誕生すると、今まで独り占めしていたママやパパが、赤ちゃんにたくさんの時間をとられるようになります。今まで自分を見ていた瞳が、赤ちゃんばかりを追うように。**自分と接する時間も劇的に減ってしまいます**。赤ちゃんにたくさんの時間がとられるのは仕方のないことなのですが、小さい子どもが理解するのはとても難しいことです。そのため悲しみや怒り、寂しさを強く感じることが多いのです。特に5、6歳までは、**現実と空想を区別する能力が未発達**なので、「もう私のパパとママではなくなったんだ」と想像してしまい、「じいちゃんばあちゃんの子どもになる」と言う子どももいます。「どう返事したらいいだろうか」と相談されたことが数回あります。もちろん一方では、弟妹ができた喜びもあるので、「赤ちゃんかわいいな」と思ったり、笑顔を見ては兄姉になった喜びも感じたり。兄姉になった子どもの心境は、なかなか複雑です。

そんな場面で、ぜひ子どもに伝えてほしいのが、

「あなたが一番大好きだよ」

「あなたが一番大切だよ」

などの「一番」という言葉です。「一番」と伝えるのは、何人目でも同じです。我が家は、4番目が生まれた時も、長男、長女、次男をそれぞれこっそりと呼んで、「ママとパパはあなたが一番大切よ」「ママとパパはずっとあなたのパパとママよ」と伝えました。そして、「他のきょうだいには内緒ね」と言うのも大切なポイント。子どもが小さいうちは、やっぱり他の兄弟に話してしまい、「ママは本当はどっちが一番なの？」と聞かれたことがあります。そんなときは、「え〜両方とも一番よ」とその場で答えておいて、あとで一人ずつもう一度「あなたが一番」と「内緒よ」と優しく言います。小学校3、4年生になると、安心したのか言ってこなくなりました。

〝どの子もこの世で一番の宝物〟という親の心は、子どもには理解しにくいためにこのような方法をとります。祖父母、叔父叔母、ご近所さんでもぜひ孫や子どもに「パパもママも私も、あなたが一番大切よ」と伝えてください。安心感を得た子どもたちは、きょうだい仲良く成長しますよ。

ママの産後の身体と、幸せに変える3つのポイント

〝赤ちゃんが生まれる〟ということは、人生においてとても大きな岐路です。なぜなら「家族の形が変わる瞬間」だからです。母、父になったり、祖父母になったり、お兄ちゃんになったり、お姉ちゃんになったり。それぞれに大きな変化が訪れます。でも、産後に一番大きく変化するのはやはりママです。私も初産の後は、「こんなに眠ることができないなんて。こんなに赤ちゃんが泣くなんて全然知らなかった」と悲しい気持ちになりました。かわいいけどつらい、つらいけどかわいい。この心の状態は、パパも同じかもしれません。心の状態は似ているかもしれませんが、パパとママでは一つ大きな差が。それは、身体の状態です。

ママは出産時、血流が逆流するような体験をします。体力も消耗し、子宮から胎盤がはがれ出血が約1カ月続きます。内臓損傷状態と言っても過言ではありません。そんな身体の状態で、2、3時間おきに母乳やミルクをあげたり、オムツを替えたり抱っこしたり……とても過酷な状況です。そこで、産後2カ月はできるだけ横になる時間をもつなど安静がとても大切になります。

周りの大人は、ママが心身ともに疲弊していることを常に頭に入れておきましょう。「おっぱいが足りないんじゃない？」「抱き癖がつくよ」は厳禁です。さらに、子どもが増えるごとに心身の負担は増えます。しかし経験上、負担が増える分、幸せも確実に増えますよ。

そこで負担を幸せに変えるための三つのポイントをお伝えします。
✿**パパが休みの時は、少なくとも1時間は育児を代わる**→ママは自由時間でリフレッシュ。パパは親としての自覚が少しずつ生まれ一石二鳥。時間は少しずつ増やしましょう。
✿**パパは自分のことは自分でする**→子どもたちの良いお手本になりますね。
✿**お互いに、具体的にやってほしいことを伝える**→意外にこれができていません。「洗濯物をたたんで」など、具体的に伝えてみましょう。
パパ以外の大人、例えば祖父母や兄弟姉妹、仲間内でも同じです。そして最大のポイントは、これらの後には必ず「ありがとう」をたくさん伝えること。一日5回から、意識して伝えてみるのがオススメです。

自立期（通称イヤイヤ期）の接し方ポイント

赤ちゃんが誕生して1年くらいは、寝返り、歩くなどの行動が著しく成長します。その後、心が成長するにつれ激しい自己主張を始めます。象徴的なのが「イヤ！」という言動です。「イヤイヤ期」とも言われますが、心理学的には**「自立期」**だと思います。子ども自身に**「今度は自分でやってみよう」**という心が芽生えた証拠。それまでの子育てが大正解ですよ、という合図でもあります。

この時期の「イヤ」は、単なる拒否とは限りません。自分でやりたいのに、語彙の不足からうまく表現できず、「イヤ」だけ言っていることが多いようです。例えば、「自分で靴下を履きたい」と言葉でうまく伝えられず、大人が靴下を履かせようとした途端、「イヤ～!!」と大きな声を出したり暴れたりします。自分で服を選びたい、あっちの道を歩きたい、なども言葉でうまく表現できないため、「イヤ～!!」だけになってしまうのです。大人は突然の子どもの主張に戸惑い、イライラしがちです。

この「自立期」を穏やかに過ごすポイントは、『イヤ』の直前に、どんな状況があったか、また「どんな場面で『イヤ』と言うか」を、周りの大人がよく観察することです。そうすれば、前もって「靴下を自分で履きたい時は『やる～』と言ってね」と教えたり、「明日着るお洋服を、今夜のうちに自分で選んでおこうか」と話すことができ、大人のイライラが減ります。

しかし、どれだけ準備しても手のつけようがないことも度々あります。子どもの「自立期」は、忍耐力など親の器を広げるための時期でもあるかと思います。私も四人の子どもたちにとても鍛えられました（笑）。四人に共通する「イヤ」もあったのですが、それぞれに新しい「イヤ」があり、たくさん試行錯誤しました。「あの時ここからママの足にしがみついて『帰らない！』と泣いてたよね～」「え～覚えてない」など、いろんな「イヤ～!!」は、一年後にはきっと笑い話です。夫婦や周りの大人へ、愚痴を言ったり相談したりして乗り切りましょう。

イルカ先生伝授

子育て知恵録

11 ゲンコツは百害あって一利なし

ゲンコツは、百害あって一利なしです。

私は今から約15年前、長女が生後3カ月の頃、2歳のイヤイヤ全盛期だった長男にゲンコツをおとしていました。自分の手も、すごく痛かったのですが、長男はもっと痛かったはず。頭もですが、なにより心が。タイムマシンがあったら、当時に戻って止めたいくらい後悔しています。

ゲンコツをおとしてしまう親は、自分もそうされて育っている方が多いように思います。自分が小さい頃、親や大人からゲンコツをされて、悲しかったり、怖かったり、腹が立ったりしませんでしたか？ 15年前の私もそうでしたが、親や大人はゲンコツで「ダメだよ！」ということを強く伝えたいのかもしれません。しかし、**ゲンコツという行為では、子どもには何も伝わりません**。「私のこと、嫌いなんだ」「私のこと、邪魔なんだ」「私のこと、いらないんだ」などと思い込み、親や大人が伝えたい、例えば「叩いてははダメ！」などは全く伝わりません。

「ゲンコツするほど私のことが嫌いなら、もっと困らせよう。どうせ嫌われてるんだから」

と、ますます親を困らせる行動をとってしまう可能性も高まります。すると、親や大人は「何でわからないの？」と怒り、焦り、悲しみ、ますますゲンコツをおとす回数が増えて……という悪循環に陥ってしまうことも。

幸いなことに私の場合は、夫がイヤイヤを減らすとても効果的な方法を見つけてくれたおかげで、ゲンコツをやめることができました。その方法は、この三つの行動をすること。

①ゲンコツを、今すぐ、やめる。
②「8秒間抱っこ」を朝と夜にする。
③「生まれてきてくれてありがとう」と8秒間抱っこをしながら言う。

詳しく説明すると、②の「8秒間抱っこ」はお互い向き合った状態で、子どもをぎゅ～っと8秒間抱きしめ続けます。優しく心地良い力加減でやるのがポイントです。「朝と夜にする」を毎日の習慣にするためには、やる時間を決めると続けやすいです。例えば朝なら起きた時、登園する前など。夜ならお風呂から上がった時、寝る前など。③も毎日の習慣にするため、やる時間を決めるといいですよ。オススメは寝る前です。

たったこれだけ？　と思うかもしれませんが、驚くほどに長男のイヤイヤも落ち着きました。最初は心を込めて抱きしめたり、言葉にできないかもしれませんが、形だけでも大丈夫です。行動を変えることで心が変わるということは、非常によく起こること。まずは①②③のうちの一つでもやってみて、親や大人が行動をかえてみましょう。そして、3日間はぜひ続けてみてください。

私も実際に心が変化するという体験をしました。①②③を何日か続けていたある日、「8秒間抱っこ」と「生まれてきてくれてありがとう」をしていて、ふと悲しくなったのです。私の中にあった「イライラ」が、実は「悲しみ」だと気づいた瞬間でした。「そっか、私は長男にイヤイヤとたくさん言われて、どうしていいかわからなくて悲しかったんだ。そりゃ悲しいよね」としみじみ。すると悲しい気持ちがス〜っと消えていき、心の奥に眠っていた子どもに対する愛情がふつふつと湧いてくるのを感じました。そして子どもをかわいいと思う気持ちが増え、落ち着いて子どもに対応できるようになったのです。この時は何が起こったかわかりませんでしたが、②③をすることで本物の感情に気づき感情消化するきっかけになったようです。心理学を勉強した今だからこそ、確信をもって言えます。親や大人が落ち着けば、子どもは落ち着いて過ごすものです。

ゲンコツは、暴力です。暴力では、愛を伝えることはできません。このことをいつも心に留めておきましょう。

イルカ先生伝授
子育て知恵録

⑫ 愛ある言葉と行動で、伝えよう

ある日、小学校からの友人T君に偶然再会しました。お互いの近況を話すうちに、子育ての話になりました。その時T君は2児の父で、三人目がママのおなかにいました。そのためT君が、上の子ども二人を寝かしつけているということでした。「5歳の長男は早く寝るんだけど、2歳の下の子がなかなかなか寝なくて。つい怒って『寝るぞ！』とゲンコツしてる。それでもなかなか寝ないいんだよね。すごく時間がかかるし、寝かしつけるの大変だわ」と話してくれました。これはチャンス！と思った私は、前述した三つのポイント（前項「知恵録⑪」）を私の経験とともに伝えました。

T君は「へえ〜！ そんなやり方があるんだ。やってみるわ」と言ってくれて、私も「がんばってやってみて！ 3日間はぜひ続けてね」と言って別れました。

約一週間後、T君から報告メールが届きました。

「7秒間抱っこ、威力ありすぎ！ 寝かしつけに1時間かかってたのが、最近は平均30分で済んでるよ。すげーありがとう」

私は、すぐに実行してくれたその行動力と、これを連絡してくれたことに感謝のメールを返信。再会して話したときに、8秒を7秒と間違えて伝えてしまったようですが、問題は時間の長さではないんだということも教えてもらいました。大切なのは〝子どもへの愛を、言葉や行動で直接伝えること〟この一点ですね。

親が子どもを愛しているという気持ちは、子どもにわかるように表現しないとなかなか伝わりません。よく「親の背中を見ていれば」という方がいますが、何も言わなければ何も行動しなければ「愛されてる」と思うことは非常に難しいのです。

子どもに対して親が「愛してるよ」ということを一番効果的に伝える言葉は「生まれてきてくれてありがとう」、一番効果的な行動が「8秒間抱っこ」だと思います。これは私自身の子育て経験からも、講演会や講座でお伝えした後に参加者の方から「とても効果があった」とたくさんの反響をいただいています。

もちろん、夫婦の間でも同じです。子ども以上に愛情表現をおろそかにしている方々が多いように感じます。ぜひ夫婦で、言葉や行動で愛を直接伝えましょう。お互いに言葉で「ありがとう」と伝えていますか？　また、ちょっと背中に手を添えるなどのスキンシップも大切な行動です。

一日に3回以上「ありがとう」を言ったり、一日に朝晩の2回以上意識してスキンシップしてみたりすると、お互いの中で、きっと何かが変わりますよ。やはり、3日間は続けてみましょう。家庭円満への第一歩です。

イルカ先生伝授 子育て知恵録 ⑬

「顔を見る」と自己肯定感が高まる

日本の子どもの自己肯定感は、先進国で最下位というデータがあります。自己肯定感を上げようという話もよく聞きます。では、自己肯定感とはどんな感情でしょうか？

とても簡単に言うと「私はこのままでいい、ここに居ていい」「私って大切、重要、価値がある」と感じることです。心理学では生まれながらにしてみんなが持っている感情だといわれています。「すごいね」「大好きだよ」などの肯定的な言動を受け取ることで、自己肯定感は育ち高まります。家庭で「私は私のままでいい」と思えると、家庭が「安全基地」になります。逆に子どもが、「あなたってダメね」「バカじゃないの？」などの否定的な言動をたくさん受け取ると、「自分は大切ではない」と感じてしまい、自己肯定感は低くなるのです。

ではなぜ、自己肯定感を上げる必要があるのでしょう？　それは自己肯定感が高いと「前向きに生きることができる」からです。

例えば、何かトラブルが起きた（嫌なことを言われた、された）時に、誰かに相談するってとても勇気が必要です。自己肯定感の低い子は「どうせ私なんて」「誰に言っても無駄」などと考え、怖くて相談もなかなかできません。もし相談できたとしても、失敗を恐れアドバイスを実行することが難しい場合が多いのです。一方、自己肯定感が高い子は、トラブルが起きたらすぐに相談でき、アドバイスを実行する勇気もあります。失敗しても「安全基地」があるからです。自己肯定感が高いと、トラブルが小さいうちに解決でき、トラブルを乗り越える力が高まります。つまり、前向きに生きられるのです。

では、具体的にどうするか？　一番簡単な方法は、子どもの「顔を見る」こと。とても簡単ですが、意外とできていないものです。子どもが2、3カ月の赤ちゃんだった頃、目が合ったり笑ったりするだけで、うれしかったですよね。子どもが大きくなるにつれ、あの頃の気持ちを忘れているかも。親が顔を見て話したり、聞いたりするだけで、子どもは「愛されてる」と感じ、自己肯定感が高まります。

でも子どもって、忙しい時に限って話しかけてきます。夕食作りの最中や、電話の時など。これは子どもが無意識に「私のこと忘れてないかな？」と不安になるからかも。こんな場合こそ、子どもの顔を見て。手を止めて「うまくできたね」などと話しかけながら頭をなでたりすると、子どもは安心してまた遊び始めます。反対に、返事をしなかったり、顔も見ずに「あとで」だけを言うと、全力で親の関心を引こうと兄弟げんかなどを引き起こすことも。

顔を見る、という行動は時間がかかるように思えますが、実は10秒もかかりません。ぜひ、やってみてください。ほかに、スキンシップ（ハイタッチ、抱きしめるなど）や励ます言葉かけ（がんばったね、えらかったね、すごいねなど）を組み合わせると、さらに効果的です。

イルカ先生伝授 子育て知恵録

14 鬼電話、鬼動画はとても危険！ やめて！

「鬼」の電話や動画を使うと、**子どもの心に深い深い傷を残します**。今すぐ、使用をやめましょう。なぜなら子どもは大人に守られている、と感じることで安心感を得ますが、守ってくれるはずの大人から「鬼」を見せられ、「言うことを聞かないと……」と脅されたら**安心感は崩壊し、「恐怖」と「暴力」のみが子どもの心に焼き付けられる**からです。

世の中にはたくさんの「鬼」がいます。なまはげや節分など。でもそこには、必ず子どもを守る大人がいます。だから大丈夫なのです。守ってくれるはずの大人に「鬼」を呼ばれたら、その子の悲しみ、怒り、怖さは計り知れません。また大人の側も「鬼」を使うことで、しつけをすることから逃げていては親として成長する機会を失います。2、3歳なら「鬼」は効くかもしれない。しかし、5歳にもなれば、「鬼は来ない」とわかります。その時はどうするつもりですか？ もし6歳を過ぎても「鬼」を怖がるようでしたら、カウンセリングをご検討ください。**PTSD（心的外傷後ストレス障害）**になっている可能性があります。

物事の善悪を「恐怖」や「暴力」で教えてしまうと、自分の想いを「恐怖」や「暴力」で叶えようとしてしまう可能性も。「自分もコレで言うことをきいたんだから、他人もコレで言うことをきくはずだ」と考えるかもしれません。親が子どもに接するように、子どもは他人

に接します。他にお手本はいないのですから。

イヤイヤ期、大変なのは本当によくわかります。でも、だからこそ、忍耐力や柔軟性など心がとても鍛えられました。イヤイヤ期は、まだいいんですよ。大きくなった子どもは、大人の手が出せない子どもだけの世界へ行きます。それが成長です。友達同士のいざこざ、葛藤の最たるものが受験でしょうか。どんなに手を貸したくても貸せません。そんなときに、親の忍耐力と柔軟性、許容力などが問われます。

イヤイヤ期はそんな場面に備えて、子どもが親を鍛えてくれる時期でもあると実感しています。今すぐ、**「鬼さんはママがやっつけたからもう来ないよ、大丈夫だよ。ごめんね、怖かったね」**と言って、子どもを抱きしめてください。子どもが「鬼が怖い」と言うたびに「もうママがやっつけたから来ないよ。大丈夫」と言って**抱きしめてください**。

鬼動画を作っている人たちは、心の専門家ではなく、商売の専門家です。これを使ったことで、子どもがどうなるかなんて考えていません。責任も取りません。便利な世の中ですが選択肢が多過ぎて、本当に子育てのしにくい環境ですね。何が良いか悪いか。見定めることが非常に難しいです。

ただ、鬼の電話、動画だけは、心にとって非常に悪いものだという確信があります。お願いです。自分のためにも、子どものためにも、**どうかすぐに止めてください**。

イルカ先生伝授 子育て知恵録 15

3歳児神話は誤解されて広がっている

〝3歳児神話〟という言葉をご存知ですか？「3歳までは母親が育児に専念するべきだ」という意味でよく使われます。「幼少期は重要なので、生みの母親が養育に専念するべきである。なぜなら、母親の愛情が子どもには最善であり、母親が就労などの理由で育児に専念しないと、将来子どもの発達に悪影響をおよぼす場合があるから」という考え方です。多くの方がこの神話に苦しめられているのではないでしょうか。

結論からいうと、母親の就労自体が子どもの発達に影響することは決してありません。確かに、心理学上では3歳までに心に関する基本的な土台ができるといわれています。でもそれは、「母親だけが養育に専念すべき」という意味ではありません。

本当の意味で子どもに影響があるのは、周りの大人たちの心がどのような状態で子どもに接していたか、その一点のみです。

子どもと過ごすのが「楽しい」と感じる大人と一緒に過ごすことが多かった場合、その子どもも幸せを多く感じることができます。しかし、本当は仕事をしたいのに、間違った解釈の3歳児神話に縛られて「家へ閉じ込められている」と感じている大人と一緒にいるのは、子どもにも悪影響を与えます。「やりたいことができない」という大きなストレスを抱えた大人の、ストレスのはけ口が子どもへ向かってしまう可能性が高くなってしまいます。

では、日中働いて充実した時間を過ごし、夜には子どもとたくさんスキンシップして過ごした場合はどうでしょう。たとえ仕事をせずに家にいる場合と比べて、時間的には非常に短いとしても子どもは確実に幸せを感じることができます。もし、働いてツライ時間を過ごした時は、何か自分なりのルールを決めて気分を切り替えて帰宅できるといいですね。例えば、私がよくやるのは、**車の中で大きな声で歌う／玄関を開ける前に「ふ〜」っと斜め上へ向けて息を大きく吐く／大きな声で「ただいま〜」と言う／子どもをぎゅ〜っと8秒間抱きしめる**などなど。ほかに、**子どもに正直に言う**というのも、とても大切なポイントです。親の機嫌が悪いと、子どもは2、3歳くらいから「私が何か悪いことをしたのかな？」と思いがちです。なので、「今日は職場でイヤなことがあったから、ちょっと機嫌が悪いけどあなたのせいではないからね」と、子どもの年齢に応じてわかりやすく話してあげてください。子どもは「私のせいじゃないんだ」と安心します。夫などのパートナーにも伝えておくといいですね。同じく安心します（笑）。

親も子どもも、自分が幸せだと感じる時間を持つことが家庭円満の第一歩。その比重、**バランスが重要**です。親子の幸せはその家庭それぞれ。3歳児神話にとらわれることなく、夫婦や親子でよく話し合い、自分たちのスタイルを見つけていきましょう。

16 過保護・過干渉としつけの違いとは

過保護・過干渉としつけは、何がどう違うと思いますか？

個人的な意見ですが、過保護とは、「子どもが望むことをやり過ぎること」だと思います。例えば、いつもは小学校へ徒歩で登校するのに、ある日子どもが「今日は暑くてイヤだから車で途中まで送って」と言ったので送ったとします。すると翌日の朝も暑かったので、親の方から「今日も暑いから車で送るよ」と言って何日も車で送り続ける、といった行動です。最初は子どもが望んだことですが、それ以降は親の方が子どもに「行こう」と言ってやり過ぎています。

3歳頃までは過保護はある程度必要です。なぜなら、3歳頃までは自分でできることが少ない時期だから。望むことを十分にやってあげましょう。そうすると、子どもは「愛されている」と実感でき、自立しやすくなります。しかし、4、5歳を過ぎても過保護にしていると、自分でできることを親が奪ってしまうことになり、子どものさまざまな能力を伸ばす機会が失われます。

過干渉とは、「子どもが望まないことをやり過ぎること」だと思います。例えば、暑い日が続いて子どもが疲れているからと、頼まれてもいないのに「下校時間に合わせて、車で毎日迎えに行く」という感じです。子どもが「迎えに来なくていい」と言っても「熱中症になったら大変だから乗りなさい」と無理やり乗せる、などです。子どもの意思を聞かずに、親の価値観を押しつけてばかりいると、自分で考える力が育たず、子どもの自立を妨げます。ただ、子どもが望んでいなくても、例えば「朝7時に起きる」ことが必要なら干渉しましょう。

この過保護と過干渉は、心理的虐待に等しい行為です。過保護と過干渉の共通点は、〝この子にはできない〟と子どもの能力を「値引いて」いる点（心理学用語「値引き」＝実際より低く見積もること）。値引きされて育った子どもは、「自分はダメだ」と思い、自分を好きになることが難しく、自己肯定感が低くなりがちです。

では、しつけとは何でしょうか？　それは、「子どもが自立できるようにさまざまなことを教え練習させ褒める。間違えたら訂正して教え直し褒める。そして、見守ること」だと思います。過保護・過干渉との大きな違いは、子どもの能力を信じ、見守ること。4、5歳を過ぎたら、「自分でやってみようか」と背中を押すことも大切です。そのために、子どもは今、何がどこまでできるのか、よく観察しましょう。例えば、靴を脱いで揃えることが、一週間のうち2回できるのであれば、「玄関で靴を脱いだら揃えようね」と練習し、できていたら褒める。できなかったらやり直させて褒める。このように根気強く見守り、褒めることで子どもの能力を伸ばすお手伝いができますよ。

イルカ先生伝授 子育て知恵録 17

「怖い」には「怖くていいよ」と答えよう

ある夜、子ども（当時5歳）を子守唄を歌いながら寝かせていました。しばらくすると「ママ、怖い夢見た」と半分寝ぼけて、半泣き。かわいい～と思いながら「怖いね～、怖くていいよ～」と何度か繰り返して、子守唄を歌っていたらスヤスヤと眠りにつきました。

「怖い」って、とても大切な感情です。この感情は**「命を守る」感情**なのですよ。夜中にブンブン鳴らしながら車やバイクを運転したり、命の危険を伴なう職業の方はこの感情が無い、もしくは希薄だと心理学ではいわれています。この「怖い」という感情が無くなるのは、それを自分で押しつぶしてしまうから。「このくらい怖くない」「このくらい平気」など、怖いと思う場面に出会うたびに自分に言い聞かせていると、「怖い」を感じにくくなっていきます。

このような状況は、「怖い」と感じると生きていくのが難しくなる幼児期を過ごした可能性が考えられます。感情抑制という、自分の心や自分の居場所を守るための心の働きです。幼少期、もしくは学童期に、本当の気持ちを話せる大人に出会ったり、守ってくれる大人に出会えたら、「怖い」を感じることができたかもしれません。

それなので**「怖い」と口に出せるということは、相手の大人を信用している証拠**です。子どもが「怖い」と言ったら、ぜひ「そうなんだ、怖いんだね」と共感しましょう。「よく言えたね、えらい！」と褒めてもよいくらいです。大人が「怖くないよ」「弱虫だね」などと返す場面を見かけますが、絶対にやめましょう。

「痛い」も同じです。「痛くないよ」と言うのはよくありません。痛みを我慢すると、余計に痛みを強く長く感じるという説もあります。「痛いね〜」と共感しましょう。余談ですが、「痛いの痛いの、飛んでけ〜」は意外に効果があるそうです。これは4、5歳までの空想と現実を区別する能力が低い特性によるのかもしれませんね。小さいうちだけ楽しめる魔法の言葉。軽い「痛い」の時はぜひやってみてください。「あ、ホントだ〜」という笑顔がとてもかわいいですよ。

「悲しい」「腹が立つ」も同じです。先の「知恵録⑤」にもあるように感情は蓋をすればするほど膨らみます。逆に、感情をじっくり正面から味わうように向き合うと、その感情は昇華されて消えたり減ったりします。

子どもの発する感情をそのまま共感してあげることが、子どもの心を守ることにつながります。マイナスでもプラスでも、まずは「そうなんだね〜」と共感しましょう。そしてそのために、自分の中に生まれたどんな感情も、そのまま受け入れましょう。自分の感情を自分で共感できると、子どもの感情にも共感しやすくなりますよ。

イルカ先生伝授
子育て知恵録

18 夫婦ゲンカを見ると、子の心が傷つきます

夫婦ゲンカを子どもの前ではしない方がいい、と聞いたことがあると思います。なぜ見せない方がいいのか、子どもの心を中心に解説します。

例えば、父親が母親に対して暴力を加えたり暴言を吐くのを見ると、子どもはいろいろなことを思い感じます。

✿「この人に近づいては危ない。人に近づいてはいけないんだ」と思った場合、他人と一緒にいたり話をするのが苦手になったりします。

✿「ぼく（わたし）がいるから、パパとママがケンカしちゃうんだ。ぼく（わたし）がいるからいけないんだ。いないほうがいいんだ」

「ぼく（わたし）はこの人に嫌われているんだ。誰にも愛されないんだ」と思った場合、「存在してはいけない」「誰からも愛されるわけがない」という間違った思い込みができてしまうことがあります。

✿「お母さんを守るために、子どもではいられない。大人のように強くならなくちゃ、がんばらなきゃ」と思った場合、子どもらしさを押し殺し、自分や他人に厳しく常に「まだまだ足りない、ダメだ」と思ってしまう傾向になったりします。

✿「こんなひどい目にあっているのに誰も助けてくれない。誰も頼っちゃだめなんだ。信じちゃだめなんだ」と決め付けて、周りの大人も社会も何も信用できなくなったりします。

このような小さい頃の想いは、とても強い思い込みになります。心理学用語で「インナーメッセージ」というものです。「インナーメッセージ」は単なる思い込みですが、その人にとっては強固な思考であり真実に近いものです。私たちはみんな幼少期から今までに、「自分」「他人」「世の中」「人生」などについていくつものインナーメッセージを取り入れてもっています。普段は意識することがなくても、今の自分に大きな影響を与えています。

夫婦ゲンカを日常的に見て育った場合、大人になって急に誰かと話すことが億劫になったり、恐怖を感じるなどの症状がでることがあります。そんなときは、カウンセリングを受けるのも効果的ですが、一番手軽なのは、誰かに「話す」ことです。話すことは「カタルシス」といって心を整理する効果があります。「私はこんなインナーメッセージを持っているのかも」と人に話をするだけで心が軽くなったり、自分を客観視できたりします。

夫婦ゲンカをするということは、子どもに生きづらさを抱えさせてしまう可能性が非常に高いのです。夫婦ゲンカは、子どもが寝てからしましょうね。また、ケンカするということは、お互いが「もっとわかってほしい」と思っている証拠かも。ケンカになる前に、お互いが「ちょっと聞いてくれる？」と話ができるといいですね。

イルカ先生伝授 子育て知恵録 19

「子は親をうつす鏡」は心理学からも実証

「子は親をうつす鏡」ということわざがありますが、実は心理学でも同じことを言っています。心理学の一つである交流分析では、人は誰でも心に〝三つの私〟を持ち、それにより人格が形成されていると考えます。三つの私とは、〝親の私〟(親のような働き)、〝大人の私〟(コンピュータのような働き)、〝子どもの私〟(子どものような働き)です。生まれたての赤ちゃんは、〝子どもの私〟しか持っていないそうです。生まれてから2、3歳までに、いろいろな大人や子どもからお世話をされたりすることで、〝親の私〟や〝大人の私〟の基礎部分ができる、といわれています。

したがって、子どもの心の基礎は、周りの人間の関わり方をまねすることで形成される、と考えられます。赤ちゃんは、喜怒哀楽を感じるままに表現しますよね。2〜3歳までの時期に、周りの大人や子どもから抱っこやお世話をされるなど、いろいろな関わり方を体験したことをまねする中で、思いやりや理性などの感情を育むのです。

また、先の「知恵録⑦〜⑨」で紹介したストローク(心の栄養)理論では、人間は他人に対して、自分がされたのと同じ言動をすることが多いと考えます。他人から与えられたストロークのプラス(快)が多ければ他人にもプラス(快)を与えやすいのです。例えば、小さい頃からよく褒められたり「スゴイね」と言われて育った子どもは、他人を「スゴイね」と褒めることが容易にできます。反対に、他人からマイナス（不快）を与えられることが多ければマイナス（不快）を出しやすくなります。小さい頃から何かすると「バカじゃないの、死ね」などと言われて育つと、他人に対しても「バカじゃないの、死ね」と簡単に言ってしまいます。子どもの出すストロークが、プラスとマイナスのどちらが多いか観察していると、**その子どもに対する周りの大人の関わり方がよくわかります。**

このように心理学から見ても、子どもを見たら大人の関わり方がわかる、まさに「子は親をうつす鏡」です。大人の言動は、子どもに大きな影響を与えます。

大人は子どものお手本です。なかでも**夫婦や家族の言動は、子どもの基礎**になっています。子どもが「なんでそんなことを？」という言動をとった時には、まず親自身の言動を振り返ってみましょう。親の方が疲れてイライラしていませんか？　イライラは心が栄養不足のサインです。そこで、我が家では意識して**「ありがとう」**を使うようにしています。できたら一日5回以上を目標に。言われた相手も、言った自分にもプラスがたまる一番オススメの言葉です。家族でお互いに鏡となり、プラスの関わり方を心がけましょう。

イルカ先生伝授 子育て知恵録 20

子と一緒に過ごす時間は、4歳から激減!

子育てって、子どもが何歳になるまで続くものでしょうか。いくつになっても子どもは子どもに見えるとも聞きますし、私の大好きな西原理恵子さんは『卒母《そつはは》のススメ』という本を出版されています。いろいろな意見がありますが、個人的には二十歳になったら一応親としての役割が一区切りでは、と思うので、子育てはだいたい20年くらいでしょうか。

20年ときくと、とても長い年月に思われがちですが、現在、長男が17歳。私の実感としては、あっという間の17年でした。なぜあっという間かというと、**子どもと一緒に過ごす時間が、どんどん短くなっていく**からです。

生まれてから3歳くらいまでは、親と子どもは、**ほぼ24時間べったり**です。トイレも、料理をしていても、掃除をしていても、寝ていても親を求める時期です。かわいいけどつらい、つらいけどかわいい。なんとも葛藤の大きい時期ですね。

ところが、**4歳頃に保育園・幼稚園などに入園**すると、一緒にいる時間が激減します。我が家の園児の場合、起床から登園までの約1時間と、午後2時くらいに帰宅し、8時過ぎに寝るまでの6時間、**合計7時間が一緒にいる時間**です。一気に3分の1ほどになりました。

そして、小学校へ入学すると、朝の時間は変わりませんが、帰宅時間がどんどん遅くなります。小学4年生で16時〜17時くらい。そこから寝る時間の21時までが、約4時間。一緒にいる時間は合計5時間になります。

さらに、中学校へ入学して部活に入ると、夏の帰宅は19時過ぎになり、一緒にいる時間は一日合計3時間もありません。また、長男が高校生になり、初めて高校生のママになりました。先輩ママたちが、「高校はさらに早く過ぎちゃうよ〜」と言っていたことを実感する毎日です。高校へ入学して部活動を始めると、登校する時間が早くなるため朝一緒に過ごす時間がさらに短くなります。また、帰宅時間は20時を超えることもしばしば。一緒にいる時間は、現在2時間を切っています。しかも、この2、3時間は家に一緒にいる時間であって、〝親とべったりの時間〟ではありません。意識せずに過ごすと、「おはよう」などのあいさつと「明日は弁当いる?」「プリントある?」くらいしか話をしていない、と反省することもあります。

子どもが小さい時は、永遠に一緒にいるように感じますが、4歳くらいから親子の時間は激減していきます。「今」この瞬間を大切に、子どもと接していきたいですね。そして、自分自身も我が親にとっては「子」であるということを、たまに思い出して「元気にしてる?」など電話してみるのも大切ですね。

イルカ先生伝授 子育て知恵録 21

「抱っこ」の使用期限はたった10年！

「抱っこ」が大好きな子どもはとても多いですね。生まれてから4、5歳までたくさん抱っこされたがります。身体が大きくなってくると親はちょっときついですが、「抱っこ＝愛情」と考えて、できるだけ抱っこしましょう。

しかし、心理学的には「抱っこ」について、ちょっと注意したい点があります。なんと、使用期限があるのです。私も心理学を勉強して初めて知ったことなのですが、**異性間（父と娘、母と息子）では、「10歳になったらやめる」**ことが推奨されています。

なぜなら、例えば子どもが小学生になってくると「もう抱っこしないで」と言うことがあります。その時に親が「まだいいがね～」と言って無理やり抱っこしたとします。すると、子どもは親から**「子どものままでいて、大人にならないで」**というメッセージだと受け取ってしまう可能性が高いのです。「将来、ファザコンやマザコンになってしまう原因の一つなんですよ～」と、心理学の研修会で先生がおっしゃっていました。

子どもが「抱っこなんてイヤ」と言ったら、自立を始めた合図です。それからは、**ハイタッチや握手など別のスキンシップに切り替えて**いきましょう。逆に、10歳を超えても頻繁に「抱っこして」と言うなら、「もう大人への第一歩を踏み出す年齢だから、今日はハイタッチにしようよ」など、親が自立へ背中を押してあげることも大事なことですね。

一緒にお風呂に入ることも、同じように異性間・10歳にはやめるようにすると子どもの心の成長を助けます。特に、異性間の兄弟（兄妹、姉弟）でも上の子どもが10歳になる頃には一緒にお風呂もやめましょう。下の子に「わ〜なんか膨らんでる」「なんか毛が生えてる〜」などと言われて傷つき、自分の性を否定する一因になる可能性もあります。

抱っこやお風呂に入ることを急にやめるのは、親子の精神衛生上、難しいこともあると思いますので、できたら9歳になった頃から、「10歳になったらお風呂を一緒に入るのはおしまいにしようね。今年のうちにたくさん入っておこうね」「抱っこは今年までね。来年からは握手にしようね」などと予告しておくといいですよ。我が家の息子たちには一年前から予告して、抱っこやお風呂を夫に切り替えていったり、一人で入れるようになるよう練習したりしました。

角度を変えると、10歳までに身の回りのことを子ども自身でできるように、親が教える必要があるということ。知った時がジャストタイム。ぜひ今日から意識して子どもと関わってみましょう。ただし必要な場合は、抱っこもお風呂も大丈夫。頻繁にならないようにしましょう。

子どもが生まれて自分がこの世を去るまで約60年ほど。そのうち何も気にせず抱っこできるのは、たった10年です。長いようで短い時間……。大切に過ごしたいですね。

イルカ先生伝授 子育て知恵録 22

「サンタさんはいるの？」に答えるときは

子どもたちが楽しみにしている行事の一つにクリスマスがあります。「いつまでプレゼントをあげたら……」と悩む方もいるのではないでしょうか。何度か相談を受けたのですが、「小学校卒業まではあるといいかも」といつも答えています。ただ、クリスマスなどの**行事で一番大切なのは〝もの〟ではなく〝時間〟**です。プレゼントが何だったかは忘れても、プレゼントを発見した瞬間の嬉しい気持ちや、開ける時のドキドキなどの〝時間〟は記憶に残りやすいです。特に行事の中で親子一緒に何かをすると、家族の絆を深めます。例えば、クリスマスメニューのシチューを一緒に作って、子どもにはかき混ぜるお手伝いをしてもらうとか、折り紙で飾りを作って飾るなど。子どもの年齢に合わせて一緒にできるといいですね。

ところで、子どもに「サンタさんはいないの？」と聞かれたら、どう答えていますか？これは絶対に「いない」と言わないようにしましょう。なぜなら、**幼い子どもは現実と空想を区別する能力が未発達**なので、「サンタはいない」と言われると「サンタがいないなら、もしかしてパパやママも本当はいないのかも」などと想像して、混乱し深く傷つく可能性があるからです。

子どもは5、6歳頃にようやく「動くぬいぐるみの中には人間が入っている」という認識

ができ始めます。サンタの存在は、現実と空想を区別する能力が発達すれば自然に「もしかして……」とわかってきます。もし、子どもから「サンタさんっているの？　いないの？」と聞かれたら、「どうだろうね。ママはいると思うよ〜」と軽く答えるのがポイントです。このように答えることで、子どものある能力が伸ばせます。それは**悩む力**です。

杉田峰康先生（臨床心理士）によると、悩む力とは**「不安（心理的な葛藤）と心の中でじっと向き合う力」**だそうです。不安とじっと向き合い、そこを乗り越えて自分で決断するという経験を何度も積み重ねることで、悩む力が発達し、心が成熟するといわれています。確かに、「現実にいるのかな、いないのかな」「やりたい、けどやりたくない」などとモヤモヤしたり、何かを決断する前に「どっちにしようか」と迷うときは不安になりますね。ですから、大人が「サンタはいない」と言わないことで、子どもが「サンタはいるのか、いないのか」と心に不安を抱える経験をすることになります。これはつまり悩む力を伸ばすチャンス。アンパンマンやウルトラマンなども同じです。「本当にいるの？」と聞かれたら、サンタと同じように答えましょう。大人が決めつけないような言い方がポイントです。

悩む力を育てる他の方法として、**物語をたくさん読むこともオススメ**です。小説・マンガ・絵本などなんでもいいです。主人公の不安や葛藤、決断を疑似体験することで、悩む力を育てることに。特に読み聞かせなら親子で物語を一緒に体験できますね。

イルカ先生伝授 子育て知恵録 23

「うそ」には知恵と愛情で対応を

生きていると、うそをつくことがあります。何歳から、うそってつくのかな？ 小さいものを含めると言葉を話せるようになったらうそをつくことができるのかもしれませんね。

いろいろなうそがあると思います。

自分を守るためのうそ（例：遅刻したのを「電車が遅れた」、持っていないものを「持ってる」、バレたら叱られるから「やってない」など）

相手を守るためのうそ（例：傷つけないために「かわいいね」、好きではないのに「愛してる」、大丈夫ではないのに「大丈夫」など）

「うそ」だと気づいていないうそ（本人が認識した事実と他者が認識した事実にずれがある場合に起こりやすい。例：小さい子に「叩いた？」→「叩いてない！」）

などなど。つまりは、**何かを守るために人間はうそをつく**ことが多いように思います。優しいうそがあれば、悪意のあるうそもありますね。では、そんなうそに対してどう対処すればいいのでしょうか。

大前提として、場合にもよりますが、小さい子どもの場合はまず**最後まで話を聞く**ことが重要です。そうすると話の筋が通らなくなり、途中で自分から「やっぱり違った」と言うことになったりします。頭ごなしに「うそついてるでしょ!!」と怒鳴るのはおすすめできません。「正直に言うと、困っていることが早く終わるよ」など、「正直」なことのメリットを日頃から教えておくのもいいですね。

それから、相手がうそをつかないで済むような質問の仕方をする、ということもとても大切です。非常によく聞く話が、「子どもが、宿題終わっていないのに『終わった』とうそをつく」というもの。「宿題終わった?」と聞くと、自分を守るために「終わった」と言ってしまうのかもしれません。この場合、質問を「宿題どれくらいやったか見せて」にすれば、子どもはうそをつきにくいです。**相手がうそをつかないで済む質問を考えるのは、大人の優しさ・役割**だと思います。そのために、日頃から子どもが「どれくらいで宿題を終えるのか」「できていることは何か?」などをよく観察しておきましょう。

ただ、5、6歳になっておしゃべりが上手になると「あのおじさん、髪がないね～」「あのおばさん、おなか大きいね～」などと、本人の前で「正直」に言ってしまい冷や汗をかくことも何度か経験しました。このようなときには、「ママの耳に小さい声で教えてね」「エレベーターではおしゃべりしないよ」などの対策が必要になってきます。

うそと正直、バランスが難しいですね。子どもが小学生くらいになれば、親子で話し合ってみるといろいろな意見を聞くことができて楽しいですよ。それまでは忍耐かな(笑)。

イルカ先生伝授 子育て知恵録 24

“ちゃんと”を使わず、具体的に伝えよう

「ちゃんとしなさい」と聞いて、何を想像しますか？

「おもちゃを片付けて」

「宿題をしなさい」

「『こんにちは』とあいさつしなさい」

など、言われた人の状況によって何通りにも解釈できる言葉です。解釈は言われた人次第ということになります。つまり、「ちゃんとしなさい」と言った人の伝えたいことは、何も伝わっていないということです。


なぜ何も伝わらないかというと、「ちゃんとしなさい」は具体的にどうすればいいのかを一言も表現していないからです。これでは、言われた子どもはどうしていいかわからず、できなくて当然です。それなのに、「なんでしないの?」と叱ってしまうことは、日常生活の中でよくあるように思います。「きちんとしなさい」「しっかりしなさい」も類似語です。

ではどうしたらいいか。それは、できるだけ細かく具体的に伝えることに尽きます。そうすれば、子どもは言われたことを行動でき、それに対して大人は褒めることができます。

例えば、買い物に行く前に、家や車の中で、「ママの横を歩いて付いて来てね。今日はお野菜を買うだけだよ。おもちゃは買わないね」と言います。おもちゃを片付けてほしいなら、「ママが『お片付けしてね』と言ったら、すぐにおもちゃをおもちゃ箱に入れようね」など。

実は、「ちゃんと」と言う時って、どうしてほしいかを大人の方が具体的に考えていない場合が意外と多いのです。

細かく具体的に伝えるためのポイントは、

✿どうしてほしいのか、伝える側が自分の心と向き合う。

✿具体的に表現するために「ちゃんと」「きちんと」「しっかり」以外の言葉で、行動を表現する。


最初は頭の中だけで考えるとまとめるのが難しいので、これらをそれぞれ紙に書き出してみるといいですよ。相手が大人でも子どもでも、具体的に伝え褒めることができると、人間関係が円滑になります。

また、「こんなこと、3歳児に本当にできるかな?」など子どもの年齢や状況に適しているかもよく考えてみましょう。相手が大人の場合も同じです。相手の立場や経験なども考慮して、例えば、オムツを一度も替えたことがない夫に「一時間、子守りお願いね」はちょっと難しいですね。まずはオムツ替えの練習から始めてみましょう。

コラム

大人の役割とは、安心空間を作ること

子育てにおける〝大人の役割〟とはなんでしょうか。このことを考えるとき、「ひとりの子どもが育つには、村中の大人が必要だ」というアフリカの古いことわざが頭に浮かびます。本当にそのとおりです。子どもを育てるという、とてつもなく大きな仕事は、親一人だけで抱えられるものではありません。子育ては、すべての大人の、社会全体の仕事です。ちょっと前までの日本でも、村中で子育てをしていました。少なくとも私が子ども時代を過ごした1970年代くらいまではお隣さんも知り合いだったし、近所のおじちゃんおばちゃんが存在していました。おやつをもらったり叱られたり褒められたり。程度の差はあると思いますが、「地域社会」というものがあったように思います。

それが今では、隣の人も知らない。道路は危なくて遊べない。公園ですら、子どもの遊び声に苦情がでる。なんだか息苦しいですね。こんな息苦しい環境での子育ては、親が追い込まれやすくなって当然です。虐待などに陥る背景には、子育ての〝孤立化〟が要因であることがとても多いです。

でも、嘆いているだけでは現状は変わりません。一人ひとりの大人がちょっと意識を変えることで、現状も変えることができるのではないでしょうか。社会全体のあらゆる大人が、

親と子どもを見守ったり、共感したり、褒めたり、励ましたりすることで、息苦しさはぐっと減ります。これこそが、〝大人の役割〟だと思うのです。

例えば、親が「時間を守る」というルールを子どもに教えるとき、「帰宅時間を守りなさい」と叱ったとします。すると、子どもが「だって友達が……」と言い争いになったりして、親子間で衝突が起こったりします。そんなときは、〝大人の役割〟の出番です。親は、周りの大人に愚痴を言って共感してもらえると、平常心を取り戻せます。すると、子どもに過剰な言葉を言ってしまったり、自分自身を「ダメな親だ」と責めたりすることが減ります。

子どもは、近所の大人に「親に叱られた」と話したり、遠方の祖父母や叔父叔母、いとこなどに電話で気持ちを話せたら、悲しみや怒りなどの感情消化につながるでしょう。親以外の大人から「なぜ親は時間を守らせたいのか」を聞くことで、子どもは何かを感じるかも。また身近にそうした大人がいれば、ネット上の見知らぬ大人に相談する必要がなく、危険な目に遭ってしまう可能性もずいぶん減ると思います。

周りの大人から**見守られている安心感**が、伸び伸びとした親育て子育て環境をつくる大きな要因になります。知り合いの子どもに会う機会があったら、ぜひ褒めることを意識してみて。また大人同士も、励まし合うことを意識してみましょう。特に忙しいと思いやることが難しくなりやすい距離にいるのが夫婦。私も改めて意識してみます（笑）。

2章のまとめ

家庭が子どもの
安全基地になりますよ

☑ 愛を伝えるオススメ言動

〇

- 「あなたが一番大切」
- 8秒間抱っこ
- 「生まれてきてくれてありがとう」
- 顔を見る
- 「ありがとう」をたくさん伝える（1日5回を目標に）
- 褒める、教える

子どもが生きづらさを
抱えてしまうことも

☑ 子どもの心を傷つけるNG言動

×

- ゲンコツ
- 夫婦ゲンカ
- 鬼動画・鬼アプリ
- 過保護・過干渉（子どもの年齢やバランスを考慮して）

大人がみんなで見守り、
子どもに安心感を

☑ ときどき思い出してみよう

- いろいろな「イヤー!!」は一年後には笑い話
- 正直に自分の状況を伝えよう
- 親子の時間、「今」を大切に
- 異性間の「抱っこ」とお風呂は10歳を目安に
- 「うそ」は何かを守っている

3章 友達100人いらないよ

子どもの心と集団生活

25 友達100人いらないよ

今、あなたには友達が何人くらいいますか？ 悲しいとき、一緒に泣いてくれる友達。嬉しいことを一緒に喜んでくれる友達。悩みを受け止めてくれる友達。大人になるにつれて、知り合いは増えていきますが、友達が増えることはなかなかないように思います。だからでしょうか、親は子どもに「友達をたくさんつくろうね」と言いがちです。

小学校入学の定番である『一年生になったら』という歌がありますよね。この歌詞を真に受けて、子どもに「友達１００人つくろうね」などと言う人はいないと思います。でも〝友達はできるだけ多い方が良い〟という考えに陥っている人はたくさんいるかもしれません。

さて、本当にたくさんの友達が必要でしょうか。

親としては、

✿我が子がたくさんの友達といたら、見ていて安心する。

✿楽しそう。

✿人付き合いの練習になる。

などと思うからかも。しかし一番重要なのは子ども自身が何を感じ、どう対応するかです。

友達が多い・少ないという人数の差は、何の問題もない、と強く思います。

個人的な意見ですが、子どもが1年間で仲良くなる友達の人数は、**1人か2人いれば十分**だと思います。もっと言うなら、自分自身と仲良くできたら、友達がいなくても大丈夫。**自分自身と仲良しであることは、すでに友達が一人いることと同じ**だからです。このことをとても分かりやすく書いているのが『わたしとなかよし』（ナンシー・カレン作　なかがわちひろ訳）という絵本です。アメリカでは小学校入学前に必ず読み聞かせされるそうですよ。

まずは自分自身と仲良しになることが、人生においてとても重要なことだと心理学を勉強して痛感しました。自分の気持ちを無視することが、心と身体に一番ダメージを与えることになります。以前は私も、「昼休みに何して遊んだの？」と尋ねたときに、子どもが「昼休みは一人で葉っぱを拾ってたよ」と話したら、「友達と遊ばなかったのかな」と心配していました。でも心理学の観点からも、我が子の子育て経験からも、**子どもが楽しそうな様子であれば大丈夫**です。逆に「みんなでボール遊びした」と子どもが話したとしても、暗い表情であればその様子を観察する必要がありますね。

大人も精神的に揺れることがあります。そんなときは自分の中の「子どもの自分」に共感し、心の中で自分を抱きしめるイメージをしてみましょう。子どもの心が揺れていると感じたときは、その子をよく観察し、親子でスキンシップを増やしたり、意識して心を安定させる言動をしましょう。

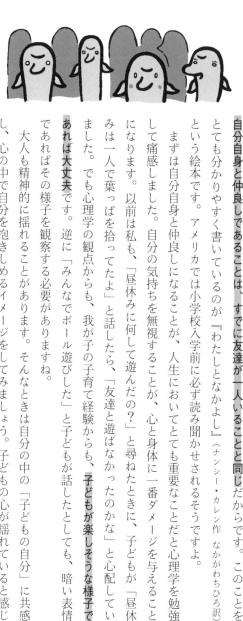

イルカ先生伝授 子育て知恵録 26

「おねしょ」には、スキンシップのパワーで

発表会や運動会など、何かの行事に向かって練習をする時期になると、これまではなくなっていたおねしょやおもらしをする子どもがいるかもしれません。我が家の子どもたちも、幼稚園の発表会の1カ月前から急におねしょが復活したりしました。小学校入学の2カ月前にもおねしょやおもらしが復活したことも。また、出産直前にも上の子どもたちがおねしょしたり。「何かが始まる」と本能や身体で感じているようでした。これらにはさまざまな要因がありますが、心理学的にはストレスが大きな原因だと考えます。重松清著『とんび』（角川書店）にも「子どものおねしょは涙と同じ」とあるんですよ。

集団生活のリズムに疲れてきたり、何かトラブルがあったり、行事の練習についていけなかったり……。ある程度のストレスは、心身の成長にとって必要な場合もあるでしょう。しかし、おねしょをするほどのストレスを感じている場合は、「またおねしょしたね！ダメでしょ！」と感情にまかせて言うのは厳禁です。子どもによっては笑ったりおどけたりして誤魔化す態度をとったりしますが、一番気にしていて一番傷ついているのは本人です。まずは、夕食を就寝時間の3時間前にする、寝る前に水分を控える、寝る前に必ずトイレに行かせるなど、生活リズムの改善をしましょう。それでもおねしょをした場合は、「大丈夫だよ」「着

替えればいいよ」などと子どもの心に寄り添う言葉かけが大切です。

また、おねしょの有無にかかわらず、日頃から「がんばってるね」と言葉で励ましたり、「暑い中大変だね」「筋肉痛になるまでがんばってすごいね。痛いよね〜」など共感しましょう。それに加えて、抱っこや頭をなでなでしたり、背中や肩に触れたりなど、意識してスキンシップを多めにしてあげるといいですね。

なぜなら、スキンシップをすることで幸せホルモンといわれるオキシトシンが出るからです。すると、子どもは「自分は受け入れられている」と感じ、心が安定します。心が安定すると、適切に人間関係を保つことができるのです。イヤな時には「イヤ」と言えたり、一緒に遊びたいときには「遊ぼう」と言えたり。スキンシップはプラスのストロークでもあるので、プラスが心に貯金できて、ストレスに強い心も育ちます。また、子どもに触れることで大人にもオキシトシンが出て、心が安定しやすいともいわれます。

スキンシップには、トラブルを解決する方向へ導くパワーがあると経験的に強く思います。私もたくさん助けられてきました。子どもの様子が気になったり、自分自身がイライラしやすくなったときには「8秒間抱っこ」&「生まれてきてくれてありがとう」の回数を増やすようにしていきます。親子でたくさん触れ合ってストレスを減らし、お互いに安心感を増やしていきましょう。

イルカ先生伝授 子育て知恵録

27 鉛筆と消しゴムが、学校生活の情報源に

お子さんは、保育園や幼稚園、学校での話をよくおしゃべりしてくれるタイプですか？それともあまり話さないタイプでしょうか？「園や学校での出来事を話さないのは、発達の遅れがあるのでしょうか？」というご相談を受けたことが何度もあります。一概には言えないのですが、多くは「性格」によるものが大きいように感じます。他のこともあまり話さない、語彙が非常に少ない、などの心配もあるようでしたら、園や学校へ相談されることをお勧めします。しかし、友達や先生と話したり、日常生活では会話に困らないけれど、園や学校の様子は「忘れた」などと言って教えてくれない場合、これは「性格」だと思われます。我が家でも四者四様で、話す子も、話さない子もいます。そして、小さい頃からその傾向はあまり変わりません。「性格」には、遺伝子には、敵わないことも多々あります。

また、**「話す」＝すごい・えらい、「話さない」＝すごくない・えらくない、ということもありません**。ただひたすら、子どもが**「そんな傾向を持っている」**という事実があるだけ。話す子の場合、「ふ～ん、そうなんだね～」と相槌や共感してよく聞きましょう。あまり話

さない子の場合、親がよく観察して、いつもと違う場合は、「給食は何を食べた？」「昼休み何して遊んだの？」など、さまざまな角度から質問してみるのもいいですよ。子どもがどちらのタイプでも、園児の時には、先生や同級生のママなどからいろいろと情報が入ります。

しかし小学校へ入学すると、先生からの情報は園時代に比べるとかなり減ってしまいます。また、園時代は毎日のお迎えで会っていた同級生のママたちとも、参観日でしか会うことがなくなってしまうので、学校生活の主な情報源は我が子のみ……と思うかもしれません。

でも大丈夫、もう一つ大事な情報源があります。それは、筆箱です。筆箱の中の消しゴムと鉛筆を見ると、子どもの学校での様子を垣間見ることができます。キレイに削った鉛筆が並んでいて、消しゴムの汚れ具合が自然でカバーが付いたままか、表面がきれいなままで使われているようなら、授業中に集中して取り組めていて、文房具は必要な時にだけ使っている、ということがわかります。平穏な毎日を送っている可能性が高いと想像できます。

一方、消しゴムの頭がボコボコになっていたり、表面に鉛筆で刺したあとがたくさんあったり、鉛筆のお尻の部分が噛まれてボロボロになっているようなら、授業に集中できていない可能性が高いかも。内容が理解できずに集中できないのか、他に理由があるのかはわかりません。ボコボコの消しゴムやお尻がボロボロの鉛筆を見つけたら、決して大きな声で叱らずに、「最近、学校はどう？」「何の授業がおもしろい？」「休み時間は何して遊んだのかな？」

などと聞いてみましょう。話を聞くときのポイントは、肩に触れたり、低学年なら膝に乗せて話すなど、ちょっとしたスキンシップをとりながら話を聞くこと。安心感を得られるので、いろいろと話してくれる可能性が高くなりますよ。もし、「別に」「忘れた」などの返事でも、「なんで覚えてないのね！」と叱るのではなく、「じゃあ、思い出したら教えてね」など、「いつでも話してね」という姿勢を子どもに伝えてみてくださいね。

我が子も、何度となくボコボコ消しゴム、ボロボロ鉛筆を持って帰っていました。その度に、子どもから宿題をもらって、いろいろな解決方法を学ばせてもらったように思います。

「どうしても気になる」と思ったときには、ノートを見てみるという方法もあります。国語や算数のノートを見てみると、授業に集中しているかどうかがわかります。もしあまりノートをとっていないようなら、「どうしてノートにあんまり書いてないのかな？」と穏やかに聞いてみましょう。「授業中何してるの！」と叱るのはちょっと待ちましょう。黒板が見えずらかったり、先生の話がよく聞こえない、隣の友達が気になるなど何か事情があることもよくあります。その場合は担任の先生へ相談して、席を前の方に席替えしてもらったりして改善したことがあります。夏に窓際の席が暑すぎて集中できずにノートが取れなかったので、廊下側の席へ替わってもらったことも。すべて我が子の体験談。いや〜鍛えられてます。あらためて、子育てって親育てですね（笑）。

イルカ先生伝授 子育て知恵録 28

子どもの性格は、この4要素で作られる

大人も子どもも、いろいろな性格の人がいます。「十人十色」という言葉がありますが、まったく同じ顔の人がいないように、まったく同じ性格の人もいません。では、この性格はどのようにつくられるのでしょうか？　いろいろな勉強をして、たくさんの人と出会い、さまざまな経験から、私なりにたどり着いた一つの結論。それが、以下の四つの要素です。

一つめはなんだと思いますか？　それは、

「遺伝、持って生まれた性質」

です。私の学んだ心理学の一つに、「人格適応論」というものがあります。その中で、「人間は6タイプに分けられる」といわれているのですが、これを一緒に学んだ助産師さんが「わかる！　生まれた瞬間の赤ちゃんの産声もタイプによって全然違うもの。なるほどね～」とおっしゃっていました。また我が子も四人とも血液型はA型なのですが、本当に性質がバラバラ。前向きだったり、我が道を行ったり、石橋を叩いたり、冗談を言っていつも周りを笑わせたり。それぞれの性質もミックスされていて、とても同じ血液型とは思えません。父母に似ていたり、祖父母に似ていたり、親せきに似ていたり。遺伝子は不思議です。この世に

誕生した瞬間からそれぞれ違うのですね。この要素が30パーセント。

二つめは、

「環境（国、県、地域、学校）」

だと思います。日本という国に生まれた場合と、他の国に生まれた場合では、同じ性質を持っていても、その表現は大きく違ってくるでしょう。また、生まれた県が南国か雪国かでも違います。地域や学校という環境も、性格形成に大きな関わりがあるように思います。

保育園や幼稚園、学校という環境について、その子の性質にあったものを選ぶことが子どもが幸せに過ごせるかを決める大きなポイントになりますね。この要素も30パーセント。

三つめは、

「親や大人の関わり方（家庭）」

です。子どもに対して、周りの親や大人がどのような接し方をして、どのような言葉かけをするか。どんな行動をするか。性格形成にやはり関わります。これも30パーセント。

最後の四つめは、なんでしょうか？

これは、「謎」です（笑）。

遺伝的にも、環境的にも、親や大人の関わりも、他の子と大きな違いがないのに「え！その分野で活躍するの？」ということがあります。うちの長男が吹奏楽部に入るなんて、ドラムを叩けるようになるなんて、本当に謎です。音楽関係者は三代遡っても一人もいません。これは10パーセント。

このように、子どもの性格は4要素が影響し合ってつくられます。ということは、何か**トラブルが起こったら、四つの要素が複雑に絡み合って起きている**と考えられます。原因が一つなんてことはありえません。例えば、子どもが学校でけがをしたとしたら、本人の性格（例：落ち着きがない）、学校の環境（例：段差があった）、親や大人の関わり方（例：よく怒鳴る）、謎（例：何かきっかけ）の一つの結果です。どこか一つだけが悪いということはありません。本人が気を付けるだけでは、学校が整えるだけでは、親や大人が関わり方を変えるだけでは防げない可能性が高いのです。**みんなで協力しながら解決する必要があります**し、協力したほうが解決が早いうえに良い状態が継続されることが多いです。

親や大人のできることは30パーセント。これを「そんなにたくさん！」と思うか、「たったそれだけ？」と思うかはそれぞれ。ただ、がんばってしまう親は「私が何とかしなければ!!」と思いがちですが、親だけががんばって何とかなるものでもないですよ。たとえ何とかなったとしても、それは本人のがんばりや環境の影響も大きいです。肩の力を抜いて、**できるだけお互いが心地よい関わりをしましょう**。それだけでも、子どもにとって家庭が安全基地になる大きな一歩になりますよ。

イルカ先生伝授 子育て知恵録

29 夏休みの初日には、ぜひ計画を立てよう

子どもが小学校に入学すると、長い夏休みがやってきます。良好な親子関係で過ごすために、夏休みの初日に計画&ルール作りをしましょう。まずは、遊ぶ予定&夏休みの宿題計画表を作ることから。学校から配付される、昔でいうところの「夏休みの友」のような問題集の付録などを利用するといいですよ。

書き込む順番がポイントです。まずは①**外せない予定**（お盆の帰省など）。次に②**楽しい予定**（プール、祭り、旅行など）子どもが楽しみにしていることを書き込んでいきます。最後に③**宿題の計画**を、子どもと話し合いながら書き込んでいきます。③宿題の計画の書き込み方ですが、学校から出された宿題一覧を親子で確認しながら、「この問題集は、一日何ページできそう？」などと質問したりして、一緒に予定を入れていきます。絵画や書道は地域で教室が開かれることもあるので、それを活用するのもオススメです。

予定に入れ忘れやすいのが、自由研究や読書感想文。私はお盆までには終わるよう計画作りの時にアドバイスしています。ポイントは、**楽しい予定を先に書き込んでいくこと**。楽しい計画に向かって宿題を終わらせるという意識を持たせると、宿題に対してやる気が起きやすいですよ。

そして、もう一つ大事なことが**夏休みのルール作り**。例えば、ゲームやテレビの時間決め。我が家では、「午前と午後で、ゲームの時間は1時間ずつ。宿題が終わってから」というルールがあります。また、開始時間も午前中は10時から、午後は15時から、と決めています。ですから、子どもたちは午前10時に向かって朝から宿題をがんばる気持ちになるわけです。子どもに**自分専用タイマー**を持たせ、時間に対する意識を高めるのも効果的でオススメですよ。我が家にも、100円ショップで買ったタイマーが四つあります。また、**起床時間と就寝時間**も決めます。いつもどおりにするか、夏休みバージョンにするかは家庭状況をふまえて親子で話し合いましょう。計画&ルールを作ることで「宿題終わったの？」「いつまでゲームしてるの？」などと尋ねる必要がなくなります。「計画表を見せて。どこまで終わったかな？」「あとゲームは何分？　タイマー見せて」と聞くだけ、見るだけでOK！　親子で幸せな夏休みを過ごしましょう。

初めて計画&ルールを作るときは、親子で話し合いが難しくなったり、「めんどうだな〜」と思うこともあるかもしれません。しかし作り終えて、親子ともに計画&ルールに慣れると、こんなに楽なことはありません。ちなみに、計画が途中で変わることもあります。そこは柔軟に対応しましょう。うまく進められなかったら、「じゃあ、1日3ページに増やしてみよう」などアドバイスしてあげましょう。

計画を立てるときは、実態観察が大切

前述した、③宿題の計画の書き込み方について詳しく解説します。まず、表の一番長い部分を二つに分けます。午前と午後に分けるためです。

大人もそうですが、子どもって特に「1日4ページやろう」と言うと「多い〜」となりがちですが、「お昼までに2ページ、お昼ごはんのあとにおやつまでに2ページならできる?」と言うと、「できる!」となりやすいです。そしてさらに、「毎日同じページ数やると、○月○日には終わるね。そしたら残りは自由時間だね」と話をすると、うちの子たちは単純なのでやる気満々に(笑)。

ここで大切なのは、子どもの日頃の様子から考えて、できそうなページ数を設定するということ。親の希望ではなく、子どもの実態にあった量を設定するようにしましょう。また、多めに設定するか、少なめに設定するかは子どもの性格を見極めましょう。「決まった量より多くしたがらない」タイプの子どもは、できるギリギリ多めの量を設定します。そして、もしできなかった時の予備日を設定しておきましょう。「決まった量より多くすることができる」タイプの子どもは、少なめの量を設定します。そして、調子の良い日があれば「あと1ページ、やってみる?」と促して、終わる予定を早めていきます。「予定が変更することに対してとても抵抗のある」タイプもいます。その場合も、少なめに設定することをオス

スメします。どちらの場合も、親の方である程度「この日くらいに終わればいいかな」という日を自分の中で決めておいて（我が家では登校日の8月20日）、それに向かって、子どもが苦痛に感じない程度の量を一緒に決めていくこと。

そしてもう一つ、とても大切なことがあります。それは、**決めた量をできた場合「ごほうびポイントゲット」**というシステムを親が設定することです。例えば、我が家では「今日の分の宿題がクリア」で1ポイント、5ポイント貯まったら100円のおやつを選ぶ権利ゲット。10ポイント貯まったら夕食をリクエストする権利ゲット。20ポイント貯まったら外食をリクエストする権利ゲット！　というシステムになってます。それぞれの家庭の状況に合わせて親が提案してみてください。逆に決めた量をできなかった場合、予定を変更する手伝いをします。「今日できなかった分は、予備日にまわそうか？　それとも他の日の遊ぶ予定を変更して勉強にしようか？」などのアドバイスや書き換える手伝いをします。

でも、それ以上は特に何も言いません。「なぜ決められたとおり、しないの!?」などと叱ったり説教したりすることはありません。なぜなら、**できなかった時にたくさん関わると、「宿題が終わらないとママはたくさん時間をつかってかまってくれる」**と思ってしまい、できないことが増える可能性が高くなります。決めた量をできた場合に、たくさん褒めたり話したりしましょう。できなかった場合は、できるだけあっさり関わるように心がけましょう。これも、先の「知恵録⑧」にあるとおり、大事な関わり方のコツです。

小学校3、4年生くらいまでは親がアドバイスしながら計画を立てましたが、高学年の今では私が言う前に自分で計画を立て、「こんな感じでやろうと思ってるけど、どうかな?」と見せてくれます。少し時間がかかりますが、**小学校1、2年生までは親が提案しながら一緒に計画を立てて**みましょう。きっと将来が楽になりますよ。

ごほうびポイントのチェック方法は、「同じ時間」と継続

「ごほうびポイントは、どのようにチェックするんですか?」という質問をよくいただきます。上のイラストにある①、②の数字が私のチェックした印です。どういう流れかというと、まず、計画を立てる。次に、「一日のノルマ達成したらポイント」と説明。また、ごほうびポイントで何をゲットするか話し合う。ここまでを前項でご紹介しました。

そして、チェックの仕方も話し合いましょう。

今回はここを詳しく説明します。

まずは、**チェックする時間を決めます**。「ノルマを達成したらすぐに」「夕食の前」「夕食が終わった後」「お風呂から上がったら」など、親子ともに心に余裕のある時間帯をチェックする時間として設定します。そして、例えば「夕食を食べ終わったら、表と宿題を見せてね」と約束し、次の日から、夕食を食べ終わったら、親が「表と宿題を見せて」と伝えましょう。ノルマを達成していたら「すごいね！　やったね!!」などと言いながら、ごほうびポイントを書き込みます。できなかったら、「じゃあ予備日にしようね」など、**平常心で対応しましょう**

(←ここ特に大事)。

3日から1週間くらい、親が「表と宿題を見せて」と言い続けてできていたら褒める、を繰り返していると、子どもの方から「見て見て、ノルマをクリアしたよ〜」と見せてくれるようになります。我が家は習慣になっているので、子どもの方から「はい、ノルマクリア。ごほうびポイントください」と表を持ってきました。

ここで注意点。親も途中、面倒くさくなり宿題の中身までチェックしなくなります。すると子どもによっては、2週間ほどすると、**やっていないのに「やった」と言い、ごほうびポイントをもらおうとする悪知恵**も覚えてきたりします。なので、最初のうちと、2週間くらい経った時には宿題のチェックも忘れずに。我が家でも何度か経験済みです。

イルカ先生伝授 子育て知恵録 30

思い出は、〝場所〟ではなく〝時間〟

休日の思い出って何がありますか？　私が小学校に勤めていた時に子どもたちからよく聞いたのは、「祖父母の家で過ごしたこと」「家族で過ごしたこと」が圧倒的に多かったです。それも遠くへ行った話ではなく、「買い物に家族で行った」「親子でキャッチボールをした」「一緒にたこ焼きを作った」など、大人と一緒に過ごした〝時間〟に関する思い出を子どもたちはたくさん聞かせてくれたように思います。

我が家の子どもたちも、県外のテーマパークへ行った思い出より、祖父母宅の庭で花火をしたことや近所のお祭りへ行った思い出などを、夏休みの絵日記にしたりします。「せっかく県外へ連れて行ったのに」と思いますが、いつもと環境が違うところでは、親の方に心の余裕がなくなる場合がありますね。非日常なので精いっぱい楽しみたいし、子どもを楽しませたいという気持ちが先行して、子どもが置き去りになってしまうことがあるからかもしれません。この気持ちは、特に遠くへ出かけるほどに強くなるように思います。せっかく来たんだからと、スケジュールをぎゅうぎゅうに立てたものの、子どものアクシデントで予定を変更。母はちょっと（いや、かなり）不機嫌になってしまう、なんてことも過去にありました（笑）。

子どもにとっては、遠くへ行って見たことないものを見たり、体験することも思い出になります。しかし、そうした「どこへ行ったか」という場所は、子どもにとってそれほど重要ではないのです。親や祖父母、親戚たち大人と一緒に過ごした〝時間〟こそが思い出になっているように思います。お金をかけていなくても、一緒におやつを作ったり、夕飯を作ったり、近所を散歩したり。短い時間でも一緒に過ごすだけで、子どもにとっては宝物の思い出になります。

この時の大切なポイントが、大人もリラックスして楽しむことです。休日は意外にやることが多かったりしますが、「今日の晩ご飯はそうめんでいいや」など自分なりに家事を軽く楽にする方法を探して、大人も一緒に〝時間〟を楽しみましょう。

また、夏休みや冬休みなどの長期休暇は、子どもとたくさんの時間を一緒に過ごせる絶好のチャンス。この時間を使って、子どもたちに家事スキルを伝授しましょう。家事スキルを教えることは手間と時間がかかりますし、普段は一緒に過ごす時間が限られています。長期休暇中に親子で家事をすると、子どもを褒める機会が増え、子どもは「できること」が増えます。思い出にもなり、親も助かる、いいことづくしですよ。次のページから、教えてみてこれは助かったと思う料理と洗濯のスキルについて、それらの伝授法をお伝えします。ぜひやってみてくださいね。

家事スキルの伝授法 ～料理編～

「生きることは食べること」と思っているので、我が家では子どもに幼稚園児の頃から積極的にお手伝いをさせています。その入り口にしているのが「卵」です。まずは「卵を割る」ことから。ホットケーキや卵焼きをつくる時に、マンツーマンで「割り方」を教えましょう。

具体的な教え方は、**①おわんと卵を用意→②おわんのふちなどに卵を軽くぶつける→③ヒビが入ったら、そこへ親指を入れる→④親指が入ったら、おわんの上へ移動→⑤おわんのすぐ上で殻を割って中身を出す**、という流れになります。細部は各家庭で柔軟に教えてください。3、4回練習するとできるようになります。3回中2回くらい成功するようになったら、料理で卵を使うときには「卵割って」と子どもに頼みます。そして、成功してできたときも、失敗して殻が入ってしまったときも、「ありがとう」などと褒めましょう。できたら、なでなでやハイタッチなどスキンシップも一緒に。

卵が割れるようになったら、次は混ぜることを教えます。ボウルなど比較的大きめの器に割らせて、ゆっくり混ぜさせましょう。最初は手を添えて、混ぜるスピードを教えると成功することが多くなります。

ここまでできるようになったら、今度は火を使う「スクランブルエッグ」にチャレンジです。**①フライパンが温まったら油（もしくはバター）を入れて→②さらに温まったところに**

塩コショウなどで味をつけた卵を入れる→③卵を入れたらすぐに弱火。こうすると、卵の固まる変化を親子で楽しみながら焼くことができますし、成功する確率が上がります。

卵を割る→混ぜる→スクランブルエッグ、まで子ども一人でできるようになったら、ご飯を入れて味付けすればチャーハンへと生まれ変わります。チャーハンを混ぜるのは意外と力が要るので、最初はお茶碗半分くらいのご飯から作らせ始めるといいですよ。味付けは、最初は親がしましょう。また、初めて作ったチャーハンは必ず全力で褒めましょう。卵とご飯だけのチャーハンが作れるようになると、具を入れたくなります。我が家ではウィンナーなどを切るために包丁を使いたがったので、このチャンスに子ども用包丁を与えました。すると徐々に野菜も切りたがるように。卵焼きや目玉焼きは実はとても難しいので、チャーハン作りが慣れてきてからがオススメです。はさみが使える、ボタンが留められる、など、手先が器用になってきたら始め時！

最初は手間がかかって大変ですが、一緒に台所に立って料理をすると会話も弾みます。小学校高学年くらいには、立派に料理作りの戦力に。現在高校2年生の長男は、入学当時から週に2回自分でお弁当を作ってくれます。これは非常に助かります。この料理スキルの伝授法を教えた友人から、「4歳の息子が、自分でチャーハン作ってくれたよ」と写真を送ってきてくれました。親子が幸せになる料理スキル、ぜひチャレンジしてみてください。

家事スキルの伝授法～洗濯編

身なりを清潔に保つことは、日常生活を送るうえでとても大切なことです。我が家では料理と同じくらい大切にしているスキルが「洗濯」です。洗濯は、やることが多岐にわたります。①洗濯物を集める→②洗濯機に入れる→③洗濯機をまわす→④洗濯物を運ぶ→⑤洗濯物を干す→⑥洗濯物を取り込む→⑦洗濯物を畳んで片付ける、など。ざっと書いてもこんなに。今回は、教えるのに一番手間のかかった「洗濯物を干す」伝授法をご紹介します。

洗濯物を干す作業は、なかなか力が要るので、6歳くらいまでは、乾いた洗濯物の取り込みとタオル類を畳むことから始めると洗濯スキルに慣れやすくなりますよ。小学校へ入ったら、このスキルにチャレンジスタートできます。まずは、洗い終わった洗濯物を小・中・大・特大・バスタオル類に仕分けします。我が家の例を紹介します。

✿**小**：靴下、マスク、帽子など洗濯バサミで干すもの
✿**中**：パンツ、ハンカチ、台拭き、ハンドタオルなど
✿**大**：タオル、ランニング、トランクスなど
✿**特大**：Tシャツ、トレーナーなどハンガーに干すもの
✿**バスタオル類**：バスタオル、シーツなど物干しに干すもの

最初は子どもにバスタオル類（シーツ以外）を担当してもらいましょう。

まずは、大人が「こうやって振ってしわをのばして物干し竿にかけて、洗濯バサミでとめてね」などと言いながらやって見せます。二枚目を実際に子どもにさせて、褒めます。そして、褒めた後に「もうちょっとここをのばして」など、優しく声かけしながら修正。そして最後に「ありがとう」の言葉を忘れず伝えましょう。

バスタオル類ができるようになったら、中（パンツやハンカチなど）の干し方を教えて、残りの小・大・特大も同じように、大人が手本を見せながら一緒にしていきます。褒めて、修正し、最後に「ありがとう」。ポイントは、うまくできなくても大人はイライラしないで、必ず、褒めて「ありがとう」を伝えることです。

洗濯スキル伝授は、5週間くらいを目標に計画すると成功しやすいですよ。1、2週目〜親が半分お手本、子どもに半分させる。3、4週目〜親が時々お手本、子どもに半分以上させる。5週目〜子どもが一人で全部できる、という流れです。子どもの得意不得意がありますので、子どもの様子をよく観察して、できる範囲でさせていきましょう。用事で留守にして帰宅したときに、洗濯物が干してあると感動を覚えます。親も非常に助かりますし、体調を崩しても洗濯がたまらないのもありがたいです。子どもも将来必ず役に立つスキルです。最初の1、2週間が一番手のかかる時期なので、長期休暇や連休などで親に心の余裕があるときが、伝授スタートに適した時期になります。

イルカ先生伝授 子育て知恵録

31 冬休みは「恒例行事」で絆を深める

長期休暇の中でも、冬休みの過ごした方にはちょっとしたポイントがあります。夏休みに比べて短いですが、年末大掃除、大晦日、お正月と、いろいろな行事がたくさんありますね。まずは夏休みと同じように、先の「知恵録㉙」を参考にして、休み初日に計画を立てることが大切です。毎日の起きる時間と寝る時間、宿題をどれくらいやるか、いつまでに終わらせるか、などを親子で細かく決めておきましょう。その計画を作る際に、**冬休みの場合はぜひ行事でのお手伝いを入れましょう。**

年末年始が含まれる冬休みは、掃除や料理の家事スキルを伝授する絶好のチャンスです。子どもが中学生や高校生になると、部活動や勉強でとても忙しくなりますが、親もそれに伴い送迎や付き添いなどで忙しくなりがちです。それなので、できたら小学校までにたくさんお手伝いの時間をつくりましょう。またお手伝いをさせることで、親子で一緒に過ごす思い出をつくることができます。

例えば年末の大掃除で、我が家では年齢や発達などに合わせて掃除を任せています。小学2年生の三男には窓掃除を1カ所、6年生の次男には窓掃除を3カ所、中学3年生の長女にはトイレ、高校2年生の長男にはお風呂場を担当してもらっています。また、成長に合わせ

て掃除場所を増やしたり変えたりしています。玄関掃除や台所掃除も、例えば玄関の扉だけ、床を掃くだけ、台所の床の拭き掃除だけでも充分なお手伝いになりますね。

もう一つ、年末年始に毎年必ず食べるものを1品決めて、継続的にお手伝いしてもらう、というのもオススメです。我が家では、年越しそばやお雑煮を毎年食べますが、そこに入れるネギやかまぼこを切るお手伝いから始めています。ポイントは、毎年の恒例行事にすることです。親子で一緒に過ごす冬休みは、そんなに長くありません。早い子では中学卒業で、半数くらいの子どもが高校卒業で親元を離れて行くことでしょう。ということは、一緒に暮らすのはたった18年間です。人生80年といわれるなか、子どもと確実に一緒に過ごせる年末年始は18回しかない、と言えます。

しかし掃除や料理を毎年行い恒例行事にしていると、子どもが親元を離れて一緒に生活しなくなってもお互いの存在を、家族の絆を感じることができます。例えば、子どもが毎年玄関掃除をしていて、親元を離れて一緒に年末大掃除をしなくなったとしても、「毎年あの子が、玄関掃除してくれたね」と、その子の存在を感じることができます。子どもの側としても、大掃除をしているときには「実家の玄関は誰が掃除してるのかな」と実家の存在を感じることでしょう。また、子どもが親になったときにも、恒例行事が役に立ちます。家族を結ぶ絆を紡いでいく一助になりますよ。

イルカ先生伝授 子育て知恵録 32

長期休暇リズムを、徐々に学校リズムへ

夏休みや冬休みなどの長期休暇中は、生活リズムが乱れがちになります。そのまま学校生活が始まると、子どもの身体への負担が大きくなってしまいがちです。身体の負担が大きくなると、心にも負担がかかります。それなので、**長期休暇が終わる2週間くらい前から、「起床」「就寝」「食事」の時刻を、学校生活のリズムに戻していきましょう。**長期休暇が終わりに近づく頃には、どうしても寝る時刻が遅くなりがちになってませんか？　我が家はだいたい40分から1時間ほど遅くなることが多いです。寝る時刻が遅くなると、必然的に起きる時刻も遅くなります。そうなると朝食が遅くなり、昼食、夕食、そして寝る時刻が遅くなる。そんな悪循環に陥っている可能性が高いです。そこで、学校生活リズムへの戻し方をご紹介します。

まず変えるのは「起床」、起きる時刻です。**徐々に**元に戻していきましょう。いきなりではなく、徐々にがポイントです。例えば、本来午前6時に起きるのに、現在8時に起きている場合、1日目・2日目は7時40分、3日目・4日目は7時20分、5日目・6日目は7時、というように、**2日おきに20分ずつ早く起きる**ようにします。次に「食事」、まずは朝食の時刻を変えます。起きる時間に合わせて早くしていきましょう。昼食は、学校での給食時間

（12時30分くらい）に合わせて食べ始めるようにします。我が家では長期休暇中に10時のおやつも食べていたので、それも2週間前からやめるようにしています。夕食も、遅くなっているようだったら学校生活リズムの時間に戻しましょう。

そして「就寝」、寝る時刻も本来は午後9時なのに、現在11時頃になっているのであれば、起きる時刻と同様に2日おきに20分ずつ早くしていくといいですよ。大きな変化には、身体も心もついていくのは難しいです。**急激に戻すと体調を崩してしまうこともある**ので、徐々に戻していきましょう。

もう一つ、親子で「生活リズムを戻そうね」と話し合うことも大切です。そしてカレンダーを一緒に見ながら、あと何日で学校が始まって、毎日何分ずつ戻すか話し合って時間を決めましょう。**20分はあくまで目安**にしてください。夏休み明けは、運動会の練習が始まる地域が多いです。暑い中での練習は、心身ともに負担がかかります。また、家では冷房の中で涼しく過ごしていて身体が暑さになれていない場合も多いです。環境の変化が大きいですね。冬休み明けも、家の中で温かく過ごしていたのに急に暖房の無い生活が始まります。一年で一番寒い季節で、インフルエンザや胃腸炎などウイルスが活発な時期でもあります。そうした環境の急激な変化に対応できる心と身体の基礎は、生活リズムを整えることにあります。親子で生活リズムを整えて、学校生活を迎えましょう。

イルカ先生伝授 子育て知恵録 33

始業＝「一年で一番大切な日」はこの3つで

長期休暇が終わる10日くらい前から、我が家の子どもたちは必ず「あ〜あ、もうすぐ休みが終わっちゃう。イヤだな〜終わらなければいいのに」と、一日に何度も言い始めます。心理学を学ぶ前は、「何言ってるのね、そんなこと言ったらいかんよ！」と言っていました。すると子どもの「だって」が始まり、最後はかんしゃくを起こす、ということもありました。しかし心理学を学んで、こんな言い方をすると「イヤだ」という感情を増やすと知り、今は「そうだね、イヤだね〜」と**オウム返しで共感**するようにしています。すると「まあしょうがないよね」と子どもなりに納得することが多くなり、かんしゃくも起こさなくなりました。何度も「イヤだ」と言いますが、根気強くオウム返ししています。

集団生活の好きな子どもは学校が始まるのを楽しみにしているようで、友人の子どもは「早く学校始まらないかな〜。友達と早く遊びたいな〜」と言うそうです。

しかし、久しぶりの学校は、楽しいことばかりとは限りません。長期休暇中にいろいろな体験をし、子どもが大きく変化していることがあります。クラスメートとのトラブルが始まりやすいのが、夏休み明け初日です。内閣府の調査によると、**過去42年間で18歳以下の子どもが自殺した日は、一年のうち9月1日が突出して多く、**またその前後の一週間も多いとのこと。わが子をその一人にしないために、一週間でできることが3つあります。

できること その① 自分の機嫌を自分で

その一つめは、大人は責任を持って自分のご機嫌を自分でとりましょう。例えば、ちょっと空を眺めてみる。するときれいな三日月に心を満たされたり。友人とお茶する時間を作って、おしゃべりしてストレス発散したり。音楽を聴いたり、DVDを観たり、好きなメーカーのコーヒーを飲んだり。5分でも10分でも、**心を満たす自分のための「自分時間」を作る**ようにしましょう。心が満たされる時間をもてると、心に余裕が生まれます。親の心に余裕があれば、子どもの変化を察知しやすく、話を聞く心と時間のゆとりができるからです。

できること その② 親子で準備

二つめは、始業日の一週間前には、親子で新学期の準備をしましょう。前もって準備をしてみると足りなくなった文房具、履けなくなった上履き、新しいぞうきんなど、新学期に必要な物を買いに行くことができます。準備が一通りできれば、子どもも安心して新学期を迎えることができます。3年生くらいまでは、親子で一緒に準備物を確認しましょう。4年生以上になったら子どもだけで準備させ、親はあとでこっそり確認しましょう。

できること その③　晩ごはんは子どもの好物

三つめは、学校初日の晩ごはんは子どもの好物を用意し、親は一年で一番意識して子どもを観察しましょう。そして、その日のうちに子どもに必ず「今日は学校どうだった？」と明るめのトーンで聞いてみてください。目標はドレミの〝ラ〟の音です。帰宅しておやつを食べる、もしくは晩ごはんのときなど子どもが話しやすい場面を選んで聞くのがポイントです。さらに、言葉だけでなく表情や声のトーン、行動、態度にも注目してみましょう。もし気になることを子どもが話したら、共感とオウム返しです。「そうなんだ」「悲しかったね」「つらかったね」「腹が立ったね」など表情も子どもに合わせて言いましょう。

共感的に話を聞いてもらうと、子どもは自分に〝安全基地〟があるのだと再確認することができ、安心します。「あなたが何かしたんじゃない？」は厳禁です。もちろん、楽しかった、嬉しかった話のときにも、ぜひ共感とオウム返しをしてくださいね。

できること 番外編　ありがとう&愛してる

でも、自分で自分のご機嫌をとる時間も、好きなおかずも用意が難しい、そんな大人や子どもにオススメなのが、「ありがとう」&「愛してる」です。

『ホンマでっかTV』で紹介されていたのですが、家族の会話の中に「ありがとう」&

「愛してる」を入れる実験をしたところ、平均で体温が0・8℃上昇したそうです。嬉しくて泣き出し、1・5℃も上昇したママもいたそうです。半身浴で38℃のお風呂に30分入っても0・55℃しか体温は上がらないのに、「ありがとう」&「愛してる」という言葉の効果はすごいですね。体温が上がると、免疫力もあがります。

学校への出発前や帰宅したとき、寝る前などあらゆる機会で、ぜひ「ありがとう」&「愛してる」を言ってみてください。「愛してる」と言うのに抵抗がある方もいるかもしれませんので、その場合は「大好きだよ」「大切だよ」「好きだよ」などの言葉に代えてもいいと思います。小学校低学年くらいまでの子どもであれば、「○○ちゃんはママの宝物だよ」という言い方もオススメです。

また、寝る前に目を閉じた状態で自分の胸か腹に手を当てて、「ありがとう・愛してる」と自分自身に語りかけるのもぜひやってみてください。他にも「がんばってるね」「今日もよくやった」などねぎらう言葉をかけると、自分で自分のご機嫌をとることができますよ。

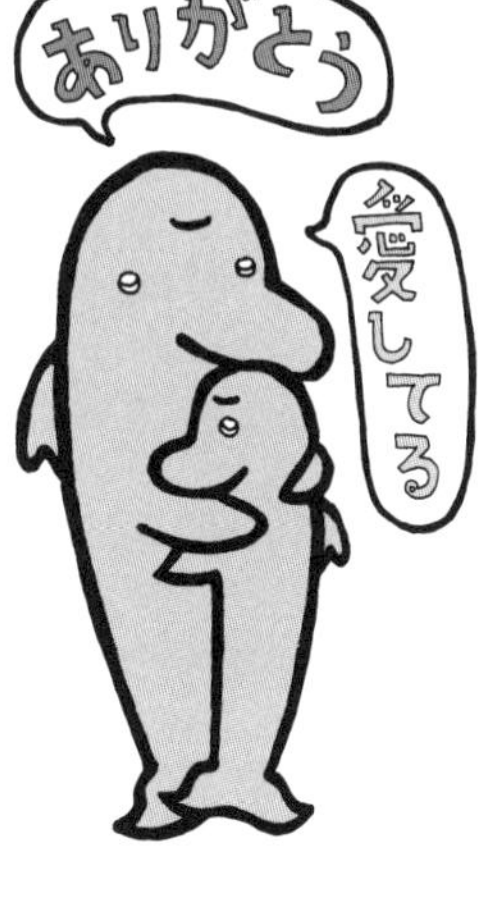

イルカ先生伝授 子育て知恵録 34

イジワルな子は、愛情不足が要因

ある日、友人から「近所にイジワルな子がいて、どう接したらいいか困ってる」と相談されました。年齢や性別に関係なく、イジワルをする子はどんな集団にも一人はいるようです。イジワルをする子は、端的に言うと**愛情不足**です。人間は、自分がされたように相手にもするのが大原則です（「知恵録⑲」参照）。つまり、イジワルな子はイジワルされているのです。誰から？ 親、もしくは身近な大人からされていると考えられます。以下に例を紹介します。

✿**自分のおもちゃを自慢し、相手をけなす**：「僕のはかっこいいけど、君のはカッコ悪いね」こんな子は↓兄弟や他人と比べられ、けなされている：「〇〇（兄弟）はかわいいね」と言われるけど自分は言われないのかも。

✿**仲間外れにする**：「〇〇くんはあっちで遊べば」こんな子は↓兄弟は親といるけど（他の子は大人といるけど）自分だけ輪に入れてもらえない：「あなたはあっちで遊んでたら。自分でできるでしょ」と言われているかも。

✿**仲間に入れない**：「今忙しいから、あとでね」（と言ってずっと仲間に入れない。もしくは聞こえないフリをする）こんな子は↓家庭や集団で、自分が仲間に入れてもらえていない：「今忙しいの、あとにして」、もしくは他の子のお世話が忙しく、親や大人から聞こえないフリをされているのかも。

相手のおもちゃをとる：「（貸してとも言わず）これは僕が使うんだよ」「これは○○くんは使っちゃダメ」こんな子は↓自分がおもちゃを奪われている：「お兄ちゃんなんだから、がまんしなさい」などと弟妹（周りの子）に貸さないとよく怒られるのかも。

悪口や暴力を振るってくる：「バカ」「死ね」「あっち行け」（と言ったり蹴る・叩く）こんな子は↓親や身近な大人から「バカ」「死ね」と言われたり、暴力を振るわれているかも。

こう書いていて、私も胸が痛い。言ったこともあるし、やったこともあります。これらのことを何度かしてしまったからといって、すぐに他人に対してイジワルするわけではありません。先の「知恵録⑨」でもお伝えしたように、人はプラスなことをたくさんためているとプラスをたくさん出すことができるし、マイナスばかりをためているとマイナスを出すことが多くなりがちです。つまり、マイナスを受け取らせたらプラスを多めに渡せばいいのです。

少しでも「やっちゃったかな」と思うことがあれば、次ページの四つの解決策を行ってみてください。**子どもに対して短時間で効果的にプラスのストロークを与える方法**なので、どれか一つからでも大丈夫。きっと心が軽くなる一歩になります。また心当たりがなくても、さらに親子で幸せになるためにやってみてくださいね。

それでは解決策をご紹介します。

〈その1〉「今日は叱り過ぎたな〜」「あんまり一緒に過ごす時間が取れなかったな」という日は、寝る前などに「生まれてきてくれてありがとう」と8秒間抱っこ。

〈その2〉子どもが一人でいる機会を見つけて「兄弟の中で、○○くんが一番好きよ」「他の兄弟には内緒だよ」と伝える。できたら8秒間抱っこもセット。これは弟妹が生まれたら、必須です。

〈その3〉兄弟がいる場合は、それぞれと親子二人きりで過ごす時間を週に1回、20分でも取るようにする。「今日は○○と一緒に買い物に行こう」など、できるだけ上の子ども優先で。どうしても、頼ってがまんさせることが多いので。

〈その4〉「ありがとう」を家庭内でたくさん使う。「ごめんね」ではなく、「ありがとう」を意識して使うようにする。「一人でさせてごめんね」→「一人でしてくれてありがとう」など。

これらのことは、意識していないとなかなか難しいので、日々の習慣に入れると、忘れずに子どもへプラスのストロークを与えることができます。例えば我が家では〈その1〉は毎晩寝る前にする、〈その3〉は毎週末に兄弟の誰かと過ごす時間をつくる、というルールです。「ありがとう」も一週間くらい意識すると自然に出るようになりますよ。

イジワルな子への対処法、やめておくこと、できること

実際に、自分の子がイジワルされたら親として、どう対応したらいいのか？　正直、とても難しいことです。なぜなら、状況によって対応がかなり変わるからです。子どもの年齢、親同士の関係、子ども同士の関係、周りの子どもとの関係、相手の家族関係、など。そのなかでも、「これだけはやめておこう」「これはできるかも」ということを書いてみます。

これだけはやめておこう

〈その1〉イジワルをした子どもを怒鳴る→子ども同士、親同士の関係が悪くなるだけで、良いことは何もありません。

〈その2〉イジワルをした子どもの悪口を言いふらす→言いたい気持ちはわかるけど、言うときにはその子に関係ない人を選んで愚痴りましょう。言いふらすのは、いじめです。

〈その3〉イジワルをした子の親に怒鳴る→言いたい気持ちはわかるけど、怒鳴ってはいけません。怒りしか伝わらず、何の解決にもなりません。

これはできるかも

〈その1〉どんな状況で、イジワルをするか観察する↓一定のパターンがあることが多いです。例えば、○曜日の夕方が多い、親が一緒に来ていないときには必ず、など。まずはそのパターンを見つけるためによく観察しましょう。イジワルされた日に、時間、場所、メンバーなどを簡単にメモするとパターンが見つけやすいです。

〈その2〉パターンがわかったら対応する策を考える（ここが一番難しいし、状況によってかなり変わります）↓例えば、「仲間に入れてあげない」と言われるのであれば、遊ぶ前に、夫婦もしくは親子で「どうしたいか」話し合っておく（例：「仲間に入れて」ともう一度子どもが言ってみる、「仲間に入れてあげて」と親が子どもに言う、「仲間に入れてくれない」と子どもがその子の親に言う、または親がその子の親に言う、仲間に入らないで遊ぶ、など）。

〈その3〉イジワルされたら、チャンスだと思うようにする↓何かの問題が起きたら、本当にチャンスなんです。なぜなら、それまで意識をしていなかったことを、意識するようになるから。誰かに「この問題、ちょっと考えてみて」と課題をもらう感じです。

しかし、私がそう思えるようになったのはつい最近です。それまでは、「なぜうちの子が、そんなイジワルされないといけないの」と思っていました。でも本当にチャンスなんだと実感しています。何のチャンスかと言うと、**「うちの子は、何ができて、何が苦手かを知る」チャンス**です。「仲間に入れてあげない」と言われたら、我が子はどんな対応ならできそうですか？（例：もう一度「入れて」と言う、「ママ入れてくれない」と助けを求められる、「別にいいや」と思う、「他の子と遊ぼう」と思う、など）年齢や状況、その子の性格などにもよりますね。積極的な子か、マイペースな子かなど、自分の子どもが「どれならできそうかな？」と夫婦で、親子で考えてみましょう。そして、この先「どうしたらいいか」も夫婦で、親子で考えてみましょう。「3回『入れて』と言っても入れてくれなかったら、別の子と遊んでみたら？」とか、「明日も『入れない』と言われたら、ママが先生にお手紙書いてみようか」とか。ホントに年齢・状況によりますね。

何か問題が起きたときには、**夫婦で話し合う絶好のチャンス**でもあります。そこで、お互いの価値観の違いが顕著になり、うちもケンカ、いやいや話し合いをたくさんしました（笑）。子どもが小さいうちに、ある程度さまざまな問題に出会って、夫婦で、そして親子で話し合う習慣があると小学校に上がってから、「あ、この問題はあの時の問題に似てるな。じゃあ、こうしてみようか」など、落ち着いて対処することができますよ。

イルカ先生伝授 子育て知恵録 35

「いじめ」に対処する3つのポイント

子育てをしていて、「これはいじめを受けているかもしれない」と思ったことが何度かあります。その度に、子どもと一緒に悲しんだり夫婦で話し合ったり、担任の先生へ相談したりしてなんとか解決してきました。そんな経験やさまざまな本の知識を織り交ぜて、我が子がもし、いじめにあっているかもと思った際に対処する三つのポイントをまとめてみました。

一つめは、子どもの変化に気づくこと。いじめを受けた子どもは、いろいろなサインを出します。例えば、食欲が変化（減る、やけ食い）したり、家族との会話が減ったり、学校の話を嫌がるようになったり。元気がない、笑顔が減る、下の弟妹（もしくはペット）に対してイジワルが激しくなる、などがあります。一つでも当てはまればいじめ、というわけでもないし、たくさん当てはまってもいじめを受けていないこともあります。まずは子どもの変化に気づき、「最近、休み時間は何して遊んでる？」など話を聞くことから始めましょう。いじめでなくても何かのサインなのは確かです。

二つめは、大人がとってはいけない態度と言葉。子どもが「実はいじめられてる」と告白してきたら、「それって本当？」「あなたが言い返せばいいんじゃない？」「はっきりイヤだと言ったら？」など子どもの言葉を疑うような態度と言葉を返してしまうことは厳禁です。勇気をふり絞って打ち明けてくれたのに、「信用した私がバカだった。どうせ私なんて」など大人への不信感でいっぱいになってしまいます。次に何かあったときに相談できないし、解決にも時間がかかってしまいます。子どもの言葉を信用してあげるのは、大人の大切な役割です。

三つめは、相談されたときに大人がとるべき態度。まずは、子どもの言葉をそのまま信じましょう。もし子どもの思い違いがあり、お互い様な部分があったとしても、子どもが「いじめられた」と訴える気持ちに嘘はありません。子どもの表情を注視しながら「悲しかったね」「つらかったね」「くやしかったね」など共感しましょう。ここで焦りは禁物です。「何があったの？ 全部最初から詳しく説明してごらん」など次々に聞き出そうとはせず、子どもの話すペースに合わせます。そして、どんな対策をとるか（学校へ話しに行く、担任へ電話するなど）は、子どもの気持ちを確かめながら決めましょう。一番大事なのは、「何があっても、私はあなたの味方だからね」と目を見て子どもに伝えることです。命より大切なものはありません。学校などは無理していく必要はないと思います。

最後に強く訴えたいのは、「いじめるほうが100パーセント悪い！」ということ。「どちらにも問題が」などと言うのは完全に間違いです。どんな理由であれ、いじめる側が100パーセント悪い。大人はこのことを肝に銘じて解決にあたってほしいです。

コラム　友達トラブル対処法

子どもから「○○くんから……」と聞くと、悲しかったり腹が立つのは親として当然です。しかし、その怒りや悲しみをそのまま相手へぶつけてしまうと、トラブルは大きくなり解決が難しくなります。では具体的にどうしたらいいのかを、年代別にまとめました。

園児のトラブル編

その1　まずは子どもの話を最後まで聞く

まだまだ語彙《ごい》の少ない幼稚園・保育園児は、大人が子どもの話を最後までじっくり聞く必要があります。「今日○○くんに叩かれた」と子どもが言っただけで、園や相手に電話をしたりSNSで連絡してはいけません。よくよく話を聞くと「僕が砂を○○くんに投げたら、○○くんが叩いてきた」などお互い様だった、ということもよくあるからです。まずは、どういう状況だったかを子どもに尋ねましょう。「あなたが何をしている時に叩かれたの？」

「〇〇くんは何をしていたの？」「そのあとはどうなった？」など**具体的な場面を聞いて、話を整理してあげる**といいですね。話の中で「痛かった」と言ったら「痛かったね」とオウム返しで共感します（「知恵録②」参照）。また、「あなたが何かしたんじゃないの」などの言葉は厳禁です（「知恵録㉟」参照）。

その2　何かあったら記録をとる

例えば、子どもが「〇〇ちゃんにバカって言われた」など気になることを言ったら、「いつ・どこで・誰に・何を」を記録しましょう。記録することで、実際には1回しかされていないのに「いつもやられる」と思ったり、逆に毎日されているのに「たまにしかされていない」と**誤認することを防ぎ、客観的になる助け**になります。また子どもの食事の様子（いつもと同じくらいの量を食べるか）、朝の支度の様子（いつもより時間がかかる、機嫌が悪い、体調不良）などにも注意して記録するのも大切です（「知恵録㉟」参照）。

例

いつ
〇月〇日

どこで
外遊びの時間

誰に
〇〇くんに

何を
叩かれた

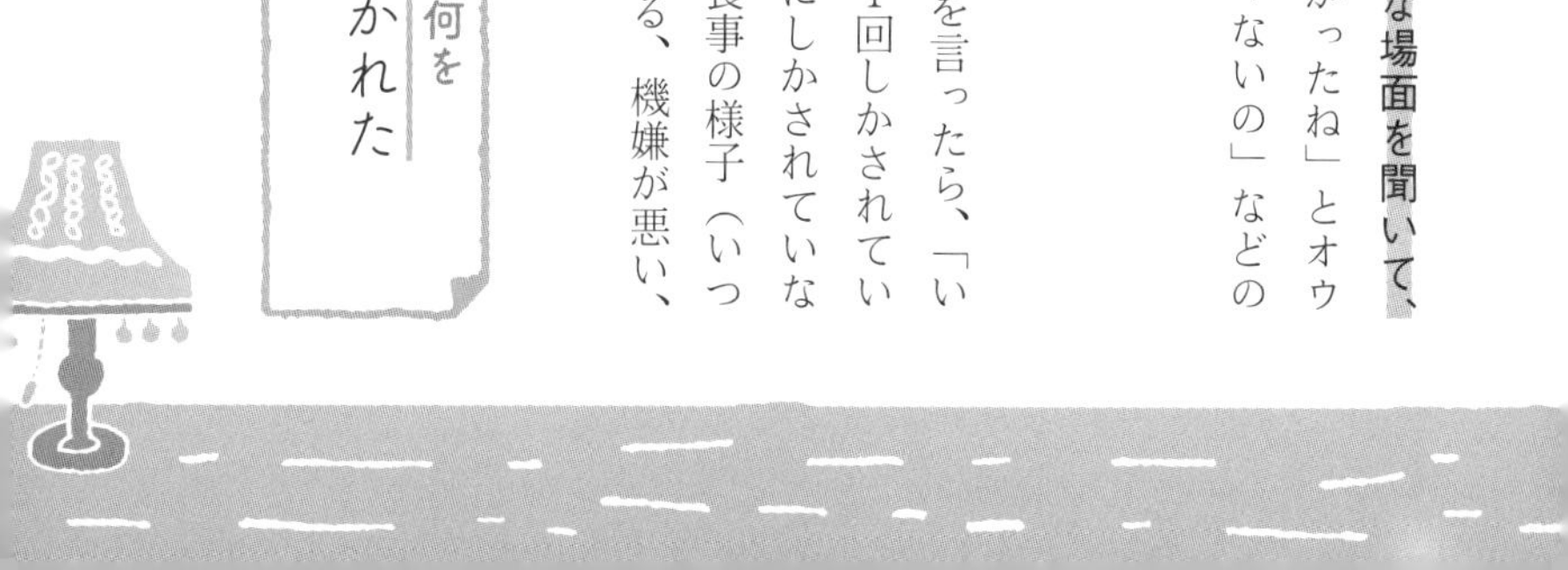

その3　周りに聞いてみる

その1の方法で聞いても、子どもの話の内容がよくわからないときは、「その時近くに誰がいたかな?」と見ていた可能性のある子どもの名前を聞いてみましょう。もしよく知っている親子なら、電話などで連絡して、どういう状況だったかを聞いてみると参考になります。

その4　先生に聞いてみる

同じ子どもとのトラブルが3日以上続いている、子どもが園へ行きたがらない、園へ行く時間になると体調不良（頭痛・腹痛など）を訴えるなどの状態になったら、ぜひ園の先生へ聞いてみましょう。できたら、子どもを園へ送って行くかお迎えに行き、直接会って担任の先生とお話しすることをオススメします。

その時の注意点として、「○○くんからいつも叩かれているみたいなんです」などの言い方は避けましょう。「最近、うちの子はどんな様子でしょうか」「今週、毎日うちの子が○○くんの話をするんですが」などと話してみると、先生も話しやすいと思います。

園での様子が家庭とは全然違うということはよくあります。もしも不安に思うことがあったら一人で悶々と考えているより、ちょっと時間を作って直接先生と話をした方が、解決が早くて心がスッキリしますよ。

その5　身近な大人に話す

残念ですが、どうやってもすぐには解決しない場合があります。そんなときには、子どもをたくさん抱っこしたりスキンシップを増やし「大好きだよ」「ママは味方だよ」とフォローしながら、ママは誰かに話して心の安定をはかりましょう。

まず一番に伝えておく必要があるのはパパ。新たな問題が起こったときに一緒に考えるためにも、日頃から情報共有をしておくことが大切です。長い話になると聞くのが苦痛になるパパが多いと思うので、できるだけ具体的に短く「今、こんな問題があって、こんな風に対応してるけど……」と話しましょう。話すことで「カタルシス」（「知恵録⑱」参照）にもなりますし、パパなりの経験から意外な解決法を考えてくれることもあります。

そして、**自分の親やママ友に話してみる**のもオススメです。私自身、親に話したら「あなたもそんなことあったよ」と言われて「そんなものかも」と思えたり、私が幼い頃の解決法を伝授してもらえたことも。また、ママ友に話してみたら「うちもあったよ～」と共感されて心が軽くなったり、アイデアをもらえて解決への糸口が見つかったこともありました。

あまりにもその問題に執着しているようなら、ママ自身が他に気になる問題を抱えていて、自分の問題を子どもに投影している場合もあります（「知恵録1章コラム」参照）。誰かに話すことで、そんな自分の悩みに気づくきっかけになったりしますよ。

小学生のトラブル編

平均して、園より小学校の方が全体的に連絡がとても少ないですし、子どもにはいろいろなタイプがいます（「知恵録㉗」参照）。だから、子どもに「今日はどうだった？」とできるだけ毎日聞いてみるといいですね。子どもは日々成長しているので、自分に都合の悪いことはなかなか言わなくなってきていることを頭の隅におきながら会話しましょう。

その1　子どもに昼休みの話を聞く

子どもに「今日はどうだった？」と質問しても「別に」「忘れた」などと答える場合があります。そんなときは、「昼休みは何をして遊んだの？」と尋ねるといいですよ。友達とトラブルを抱えると、昼休みを一人で過ごしがちだったり、いつも遊んでいた友達とは違うメンバーになったりします。ここで大切なのは、**子どもの表情をよく見て聞く**ということです。一人で遊んだり友達がいつもと違っても、明るい表情なら大丈夫（「知恵録㉕」参照）。もし、表情が暗くなったり、口ごもったりする場合は、その2以降をやってみましょう。

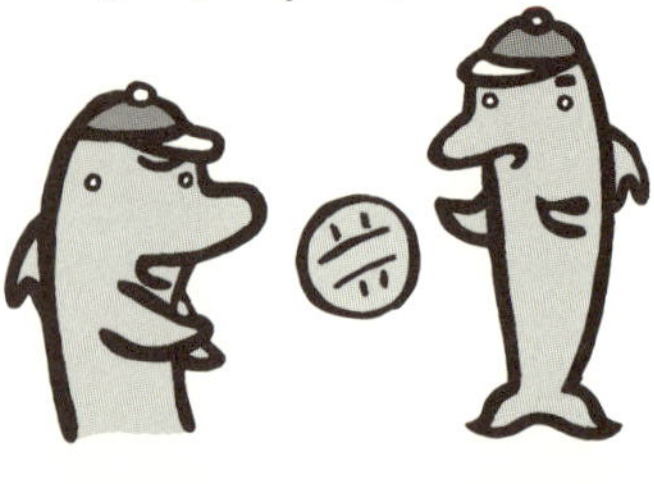

その2　同じクラスの親に、それとなく聞く

最近なんだか子どもの元気がないな～と思ったら、同じクラスで「このママなら知ってるかも」という方に、電話かメールなどでそれとなく聞いてみましょう。「うちの子が最近なんか元気ないいんだよね～。子どもから何か聞いてない？」など。相手がわかっているならば「○○くんってどんな子か知ってる？」と遠回しに聞いてみるのがポイントです。「○○くんはこうすると仲良くなれるよ」など情報が得られたりします。

その3　何かあったら記録をとる

園児編のその2と同じように、何か気になる言動があったら記録をとりましょう。この時の注意点として、**我が子の話だけで出来事を判断しない**ことが非常に大切です。小学生になると、小さい頃よりもトラブルを話すことを嫌がったり嘘を言う子が多くなります。プライドが育ってきたり、親に心配をかけたくない、怒られたくないなど、いろいろと考えるようになるからです（「知恵録㉒」参照）。それらは成長の証なのですが、大人は「子どもの話が全部ではないかも」と心に留めつつ、子どもの言葉は信じて共感したり様子を観察しましょう。毎日気を張って見つめるのは親子のストレスになりますので、「いつもと違う」ということを感じられる心の余裕を大切に（「知恵録㉜」参照）。

その4　先生へ相談する

前述の記録でトラブルが3日以上続いたり、子どもが「学校行きたくない」と言ったり、体調不良が続いたりしたら、どう対応するか家族で話し合いましょう。子どもが「やめてって言ってみる」など自分で対応すると言えばさせてみます。子ども自身が対応しても相手がやめない場合には、先生へ相談することをおすすめします。

子どもが「○○ちゃんが毎日叩いてきて、やめてと言ってもやめてくれません」と先生へ伝えられるなら、家で練習してからさせてみましょう。もし「自分で言うのは怖い」と言えば、親が先生へ手紙を書くという方法があります。その3の記録をもとに別の紙に書いて、連絡帳へテープで貼りつけると、先生がパッと見ただけで手紙に気づいてくれます。

例文

いつもお世話になっております。
実は先日の○月○日○曜日の○○の時間に、
○○さんから（同じクラスの子から）叩かれたそうです。
○○（我が子）は「何もしていないのに叩いてくる」と言っていますが、
本人の話だけでは状況がよくわかりません。

すみませんが○○さんに話を聞いていただけませんか。
お手数おかけしますが、どうぞよろしくお願い致します。

もしくは、昼休みの始まる5分前頃に学校へ行き、「忘れ物を届けに」を口実にして先生と直接お話ししたり、下校時間の5分前頃に「ちょっと用事でお迎えに」と言って先生に会うのも方法です。記録をもとに手紙のように事実のみを話すのがポイント。先生が双方の子どもに話を聞いてくれることで、トラブルが解決へ向かいやすくなることが多いですよ。

その5　身近な大人に話す

幼児編と同じく、どうやってもすぐには解決しない場合もあります。園児時代より小学校は子どもの数も大人の数も多いので、相手をよく考えて話をしましょう。口が堅い相手を選ぶことがとても大切です。個人的な話をSNSなどに投稿してしまい（投稿されてしまい）、後から事実が違っていたことがわかり、慌てて訂正メールをたくさんの人に送ることに……。ということを、実際に何度か目にしたことがあります。ネット上に愚痴を書くことはとても危険です。そのことはぜひ覚えておきましょう。

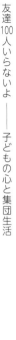

登下校中のトラブル編

登下校のときにトラブルが起こることもあります。その2とその3では、実際に我が子たちが練習した方法をご紹介します。この練習方法は園児でもできますし、友達とのトラブルの時にもオススメですよ。

その1　記録する

園児編、小学生編と同じく、まずは周辺への事実確認をしてから記録します。一緒に登下校している子どもや親、同級生の親子、近所に住んでいるママ友などに聞いてみましょう。子どもの話したことが全部だと思わずに、しかし子どもの言葉は信じて共感することが大切です（「知恵録㉟」参照）。

その2　子どもに「やめて」と言う練習をさせる

トラブルが起きたら、まずは子どもに「やめて」と言う練習をさせ、自分で解決する力を育むチャンスにしましょう。**練習は、親が相手の子ども役になって、**「バカと言われたら、

『やめて』って言うんだよ。じゃあママが○○くん役ね。やってみよう」と言って、家で一日に3〜5回くらい練習しましょう。

その3　それでもやめないときには、「走って逃げる」「無視する」を教える

言ってもやめない子どももいます。その場合は、「逃げる」「無視する」も大事な技です。親が相手役になって、「バカと言われたら、無視する（逃げる）んだよ。じゃあママが○○くん役ね。やってみよう」と言って、家で練習しましょう。

その4　それでもやめないときには、先生へ相談する

その2やその3を合計3回くらいやってみても、その子がやめないときには担任の先生へ相談しましょう。学年やクラスが違っても大丈夫です。自分の子どもの担任へ、「○月○日に〜があり、このように対応しましたが○月○日、○日もされたそうです。先生から事実確認をしていただけないでしょうか。お手数おかけします。どうぞよろしくお願い致します。」などとお手紙を書くか、学校に電話してお願いしましょう。電話する際には、用件を紙に書いて**冷静に伝える**ように心がけましょう。**感情的に話すと、趣旨が伝わりにくくなります**。先生も人間だ、ということを忘れずに。

他の学校の児童とのトラブル編

他の学校の児童とのトラブル（押された、叩かれた、嫌なことを言われたなど）が起きた場合は、まずは親が現場に行ってみることをおすすめします。相手が何年生くらいでどこの学校かなど、子どもではわからないことが多いからです。

まずは、**トラブルが起こりやすい時間、場所をある程度特定**します。できたら、そこでしばらく待ってみましょう。もしトラブルを目撃したら、「そんなことしたら、危ないよ。絶対してはいけないからね。もし、またやってるのを見たら、あなたの学校の先生へ電話するね」と注意してあげられるといいですね。注意するときのポイントをまとめてみました。

その1　我が子を離れた場所に居させる

子どもは自分が悪いことをしている、という自覚があまりないことがあります。すると、注意されたときに大人に対して「怒り」を感じ、注意した大人の子どもにわざとイジワルをし始める可能性があります。トラブルを起こす子から見えない場所に我が子を居させるか、先に帰宅させましょう。

その2 「冷静に、短く」言う

そういう場面を見ると、思わず興奮して大きな声で、長々と、怖い顔で言ってしまう可能性が。そうなると、相手の子どもに「怖い・うるさい」しか伝わりません。なぜなら感情の伝わり方は言語：非言語＝3：97です（「知恵録②」参照）。できるだけ、非言語の情報を減らし、短く端的に伝えることが大切です。

「そんなことをしたら、危ないよ」というセリフを、今まで数え切れないほどいろいろな小学生へ言ってますが、だいたいその場でやめてくれます。これは、「（いじめなどを）やっている子」のためにやってます。「やっている子」は、何か心に抱えているからこそ、そうした行動をとります。主に愛情不足です（「知恵録㉞」参照）。そして、誰も止めてあげないと、その子はどんどん「加害者」になってしまいます。一番心に深い傷を負うのは「加害者」です。

私には、その子たちが「誰か止めて・助けて」と言っているように見えるのです。そのため、見つけたらすぐに声をかけます。我が子が被害にあっていなくても、危険なことをしている子どもを見つけたら、たくさんの大人が声をかけることで、「見守っているよ」とメッセージを伝えることができると思います。そうすれば、子ども同士のトラブルは徐々に減っていくのでは。良かったら、我が子を相手に「そんなことをしたら……」と言う練習をして、実践してみませんか。でも、無理はしないでね。

3章のまとめ

☑ 長期休暇の過ごし方

子どものタイプを観察し、楽しく過ごせるサポートを

- ごほうびポイントなどルール作りが大切
- 一緒に過ごす時間は、大人も楽しもう
- 家事スキルを伝授するチャンス
- 始業の前後は、一年で一番大切な日々

☑ イジワルな子は愛情不足

- 周りの大人が「イジワル」していないかな？
- 自分にも子どもにもプラスの言動を

相手の子・自分の子をよく観察しよう

OK言動 〇　観察・対策を話し合う・視点を変えてチャンスと思う

NG言動 ✕　相手に怒鳴る・悪口を言いふらす

☑ いじめに対処するポイント

どんな理由があっても！

- 子どもの変化に気づく
- 「いじめるほうが100%悪い」が大前提！

☑ 友達トラブルには

- 子どもの話をよく聞く
- 記録、情報収集
- 先生や学校と連携する

共感しながらも全部だと思わない

〈参考文献〉

『教育カウンセリングと交流分析』 杉田峰康（チーム医療 一九八八年）
『いじめで受ける心の傷とその対処法 ―その時大人はどうするか?・』
倉成 央（チーム医療 二〇〇九年）
『ゆるしのメッセージ 最高の自分をつかむために』 倉成 央（かんき出版 二〇〇七年）
『クライアント満足を10倍にする カウンセリングとコーチングの合わせ技』
倉成 央／谷口祥子（秀和システム 二〇一七年）
『ひまわり先生の幸せの貯金箱 こどもたち生まれてきてくれありがとう』
米倉けいこ（ブームブックス 二〇〇八年）
『愛着障害 子ども時代を引きずる人々』 岡田尊司（光文社 二〇一一年）
『とんび』 重松 清（角川書店 二〇一一年）
『オニババ化する女たち 女性の身体性を取り戻す』 三砂ちづる（光文社 二〇〇四年）
『卒母のススメ』 西原理恵子＋卒母ーズ（毎日新聞出版 二〇一七年）
『「違うこと」をしないこと』 吉本ばなな（角川書店 二〇一八年）
『青い鳥』 モーリス・メーテルリンク著、江國香織訳（講談社 二〇一三年）
『わたしとなかよし』 ナンシー・カレン著、なかがわちひろ訳（瑞雲舎 二〇〇七年）

〝幸せ〟とは ―あとがきにかえて―

〝幸せ〟とは、何でしょうか。一言で表現するのはとても難しいですが、世界的に有名な童話の『青い鳥』（メーテルリンク著　江國香織訳）に幸福の館という章があります。その館には最初、お金や土地をたくさん持つなどの〝幸せ〟があったのですが、真実を映す光に偽りだと暴かれ、その結果「健康でいる幸福」「両親を愛する幸福」「母の愛の比類なき喜び」など本当の〝幸せ〟が現れるのです。

日常に当たり前はありません。朝目覚めるのも、水が飲めるのも、子どもを抱きしめられるのも奇跡の連続です。まずは、そんな目の前にある〝幸せ〟に気づき、自分にも子どもにも周りの人にも「ありがとう」「大好きだよ」と惜しみなく感謝と愛を注ぎましょう。

とはいえ、親がそれをいつも自覚することは難しいと思います。なぜなら、毎日の仕事や家事、育児に追われ、「喜び」を実感する時間が非常に限られているからです。だからこそ、節目の行事を大事にしましょう。入学や卒業、こどもの日、運動会、誕生日などにお祝いの言葉を伝えたり、一緒に食事をしたりすることで、この喜びを思い出すことができます。すると日々の〝幸せ〟に気づきやすくなりますよ。この本を読むことで、日常を振り返ったり、慌ただしい子育ての中でちょっと立ち止まり、自分や子どもを見つめる機会になるといいな。何かが幸せな方へ一歩でも近づくきっかけになれたら嬉しいな。そんな願いを込めて、この本をつくりました。

また、子どもを愛することは、自分自身の中の「子どもの頃の自分」を愛するということにつながります。そして、たくさんの大人が身近な子どもに愛を注ぐことを意識すると、たくさんの〝幸せ〟が家庭だけでなく地域・社会でも生まれます。まずは子どもに優しいまなざしを。そして親にも。私自身も四人の子育て真っ最中で、この原稿を書く風景の中にいつも子どもたちがいました。親をしたり、原稿を書いたりという日々。子どもに優しいまなざしが減った時期もありましたが（笑）、おかげで新聞連載の時よりもさらに濃い内容の本にすることができました。支えてくれた家族に、ありがとう。

そして、ほっこりするステキな表紙や挿絵を描いてくださったはなうた活版堂・脇川さんご夫婦、編集やデザインで伴走してくれた川並良太さん。この三人がいなかったら、出版を断念していたかも。感謝でいっぱいです。また、出版を楽しみにしてるよ、と言ってくださった皆さん。やっとやっとできました。無事、出産ならぬ出版ができたのは、皆さんが待っていてくださったおかげです。ありがとうございました。皆さんが〝幸せ〟になるお手伝いができる本であったなら、私にとってそれが何よりの喜びです。

いろんな親（大人）がいて、いろんな子がいます。みんなが幸せでありますように。

鈴木なおこ

1975年、宮崎市（旧佐土原町）生まれ。「イルカ先生」の愛称で親しまれる心理カウンセラー・子育て応援・講演家・執筆家。3男1女の母でもある。

小学校教師の時代、多くの親子からたくさんの宿題をもらう。出産を機に退職後、専業主婦をしながらさまざまな子育て支援活動に携わる。親子や子育て支援にさらに深く関わるため、2012年に心理カウンセラーの資格を取得。その知識と、小学校勤務の経験、4児の子育て体験を織り交ぜて、幼稚園や保育園、小・中学校での講演、子育て情報誌等への寄稿、テレビ・ラジオ出演、個人カウンセリングなどを行う。また、ブログ「イルカの部屋〜ちょっと子育てが楽になる場所〜」を随時更新中。

✉ siawase_iruka@yahoo.co.jp

イルカ先生伝授　子育て知恵録

二〇一九年五月一日初版発行

著者　鈴木なおこ©

発行者　川口敦己

発行所　鉱脈社

〒八八〇-八五五一
宮崎市田代町二六三番地
電話　〇九八五-二五-一七五八

印刷 製本　有限会社 鉱脈社